図解でわかる会社の数字

——株価を動かす財務データの見方

花岡幸子
Hanaoka Sachiko

ちくま新書

1458

図解でわかる会社の数字——株価を動かす財務データの見方【目次】

いつのまに！

シュッ
シュッ
せんざい

業績がいい会社のカブ

イラスト＝とくながあきこ

株価チャート

はじめに

お金の健康寿命を延ばす

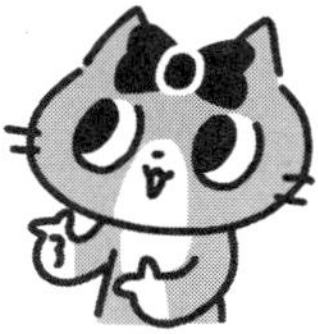

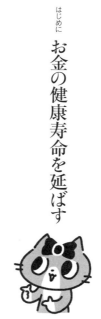

1　貯蓄ゼロ世帯と資産保有世帯との格差が広がる

「貯蓄ゼロ」世帯が増加傾向にあります。そう聞くとびっくりしませんか。「貯蓄ゼロ」世帯とは「金融資産を持っていない」世帯という意味です。この金融資産には、現金や預貯金のような実際のお金だけでなく、株式、投資信託、保険などお金に換えやすい資産も含まれています。日本銀行が事務局を務める金融広報中央委員会のアンケートによると、2017年における「金融資産を持っていない」世帯の比率は31・2%、10年前と比べて10・6%ポイントも上昇しているのです。

ただし、ここでいう金融資産とは「将来に備えて蓄えているお金」という定義であり、日常生活に使うお金や事業のために使うお金は含まれていません。したがって、金融資産がゼロといってもすぐに生活に困るわけではないのですが、「人生100年時代」が叫ばれ、老後資金に対する不安が高まっているなか、それに逆行するような動きにも見えます。

多くの人が老後の生活に不安を感じていないから、「貯蓄ゼロ」世帯が増えているとい

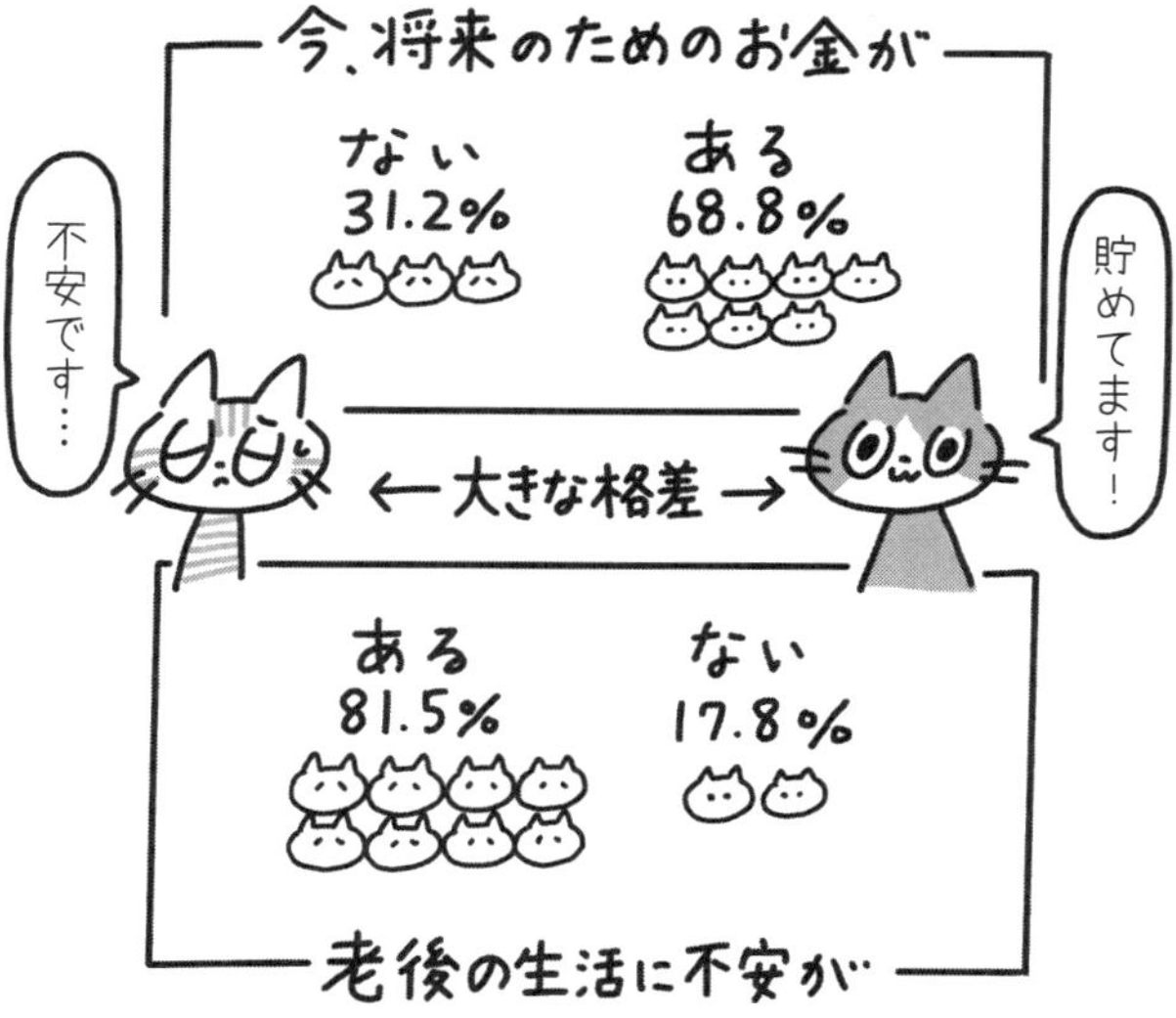

出所：金融広報中央委員会「家計の金融行動に関する世論調査」〔２人以上世帯調査〕(2017 年)

うわけではないようです。実際、老後の生活について「心配である」（「非常に心配である」と「多少心配である」の合計）と回答した世帯は、8割程度と高水準で推移しており、老後に対する備えが必要と思っている姿がうかがえます。

その一方で、「現在生活設計を立てていないし、今後も立てるつもりはない」との回答がじわりと増加しています。老後に不安があり、資金を積み立てる必要を感じながらも、切迫感に乏しく、金融資産の増加につながる行動に必ずしも結びついていない世帯が増えていると考えられます。

ところが、既に金融資産を保有している世帯は資産を増やしているのです。金融資産保有世帯を「貯蓄ゼロ」世帯に対して**「貯蓄あり」世帯**と呼ぶならば、この「貯蓄あり」世帯の金融資産平均保有額は2017年では1729万円と、10年前より6％の増加となりました。金融資産保有額が増えた理由の上位には、「定例的な収入から貯蓄する割合を引き上げたから」があります。「貯蓄ゼロ」世帯よりも、むしろ「貯蓄あり」世帯で将来を見据えて貯蓄に取り組む動きが出ており、「貯蓄ゼロ」世帯との格差は進んでいるようです。「貯蓄ゼロ」世帯と「貯蓄あり」世帯とでは、金融資産を増やそうとする意欲の面でも格差があり、それが実際の貯蓄の格差につながっているといえそうです。

2　お金の「健康寿命」も延ばす必要

「人生100年時代」といわれる時代を迎えるにあたって、必要なことは二つあります。一つは、**体の「健康寿命」**を延ばすこと。もう一つは、**お金の「健康寿命」**を延ばすことです。

日本人の平均寿命は100歳まで延びる勢いですが、いわゆる「健康寿命」は平均寿命にまだ追いついていないようです。2016年の厚生労働省の調査によると、介護を必要とせず、自立した生活を過ごせる期間である健康寿命は男性72・14歳、女性74・79歳です。依然として健康寿命と平均寿命との差は男性8・84年、女性12・35年と10年程度の乖離がありますが、老後の生活の充実や医療費削減などのためには健康寿命を延ばすことが大切だという意識は高まっています。

厚生労働省は、2013～22年度までの10年間にわたる国民の健康づくり計画「健康日本21」を定めています。このなかの肥満度や生活習慣に関する数値目標については、現時点でも全53項目のうち約6割において改善が見られたとのことです。体の健康寿命を延ばそうという取り組みは、確実に実を結びつつあります。

しかし、「人生100年時代」を豊かに生きるためには、体の「健康寿命」を延ばすだけでは十分ではありません。お金がなければ、栄養のある食事をとったり、手厚い医療を受けたりすることができませんから、お金の「健康寿命」が伴っていないと、体の「健康寿命」にも影響を及ぼしかねません。つまり、生きるために必要なギリギリのお金ではなく、健康にゆとりをもって生きていくために必要なお金の寿命が「お金の健康寿命」であり、これと「体の健康寿命」は、表裏一体の関係にあるのです。

そして、このまま寿命が延びてさらに長生きするようになれば、退職後の生活に必要な資金も増えていきます。生命保険文化センターの調べでは、夫婦二人がゆとりある老後を送るのに必要な資金は月35万円程度。65歳で退職してから85歳まで過ごすには、夫婦で8400万円、100歳までということになると1億4700万円が必要と試算されます。

また、金融庁の金融審議会市場ワーキング・グループが2019年6月3日に公表した「高齢社会における資産形成・管理」の試算は、「老後資金2000万円問題」として大きな話題になりました。この報告書によると、夫65歳以上、妻60歳以上の夫婦のみの無職の

体とお金の健康は表裏一体

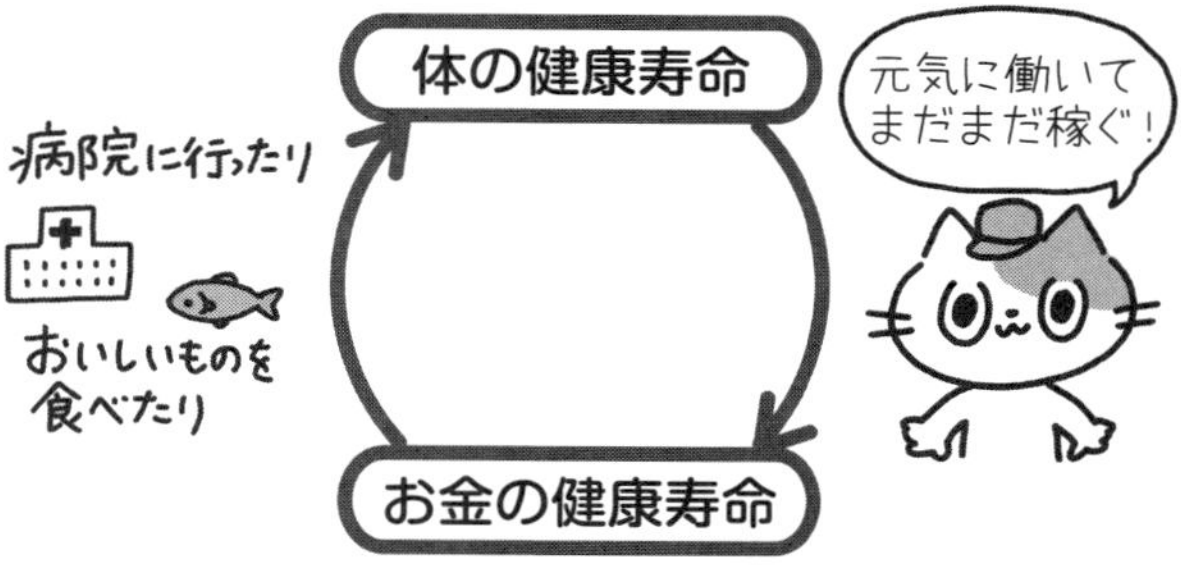

どの年代でも2000万円程度の蓄えが必要だと考えられている

	現在の金融資産額（平均額）…A	老後の備えとして十分な金融資産と自ら想定している金額…B	差額＝A−B
20代	244万円	2333万円	−2089万円
30代	494万円	2906万円	−2412万円
40代	780万円	3093万円	−2313万円
50代	1132万円	3424万円	−2293万円
60〜70代	1830万円	3553万円	−1724万円

出所：金融庁金融審議会　市場ワーキング・グループ報告書「高齢社会における資産形成・管理」メットライフ生命「老後を変える全国47都道府県大調査」

世帯では毎月の不足額の平均は約5万円であり、まだ20〜30年の人生があるとすれば、不足額の総額は単純計算で1300万円〜2000万円になるというものです。

老後に備えて、これだけの資金を手当てするための方策には、大きく二つあると考えられます。一つは、体の「健康寿命」を延ばして、定年後も働き、収入を増やすこと。もう一つは、資産を運用することによってお金を増やすことです。

しかし、「貯蓄ゼロ」世帯が増加傾向にあること等を鑑みると、体の「健康寿命」を延ばす取り組みに比べて、資産の「健康寿命」を延ばす取り組みは遅れており、まだこれからの世帯が多いようです。

健康な体はバランスのとれた食生活や規則正しい生活、さらには適度な運動によって出来上がると知っていれば、早いうちから取り組むことによって、より効果を上げることができます。同じように資産運用も適切な知識を早いうちから身に着けて、コツコツと取り組めば、高い効果を上げることができるのです。

3　富裕層は将来を見据えた動き

以上を総合すると、「貯蓄ゼロ」世帯よりもむしろ「貯蓄あり」世帯のほうが、お金の「健康寿命」を延ばそうと積極的に取り組んでいるようです。さらに「貯蓄あり」世帯のなかでも富裕層のほうが将来を見据え、貯蓄を意識し、資産運用を積極化しようという動きをとっていると考えられます。

実際、「貯蓄あり」世帯を資産額別に見ると、金融資産3000万円以上を保有する富裕層の構成比は増加傾向にある一方、100万円未満の低貯蓄層も増加傾向にあります。「貯蓄あり」世帯のなかでも格差がじわりと広がっているのです。

では、「貯蓄あり」世帯が金融資産を選ぶ際に重視していることは何でしょうか。既に持っている資産についていえば、「元本が保証されているから」が選んだ理由のトップであり、安全性重視の姿勢がくっきりと表れています。

こうしたなか、今後はどういった金融商品を保有したいかという希望を見ると、「株式」

の保有希望が高い点には注目です。リスク資産に振り向けるだけの余裕資金を持っているという背景があるのは確かです。ただ、「貯蓄あり」世帯は、安全性を重視しつつも、資産を増やすためには株式などのリスク資産の保有が必要だということを感じているのではないでしょうか。そして、**金融資産保有額の高い富裕層ほど株式の保有希望が多い**という傾向があることから、富裕層は株式投資などの運用を前向きにとらえていることがわかります。

日本の場合、アメリカなどと比べると株式投資への取り組みはこれからという状況ではありますが、こうした意識の差が貯蓄の差となって表れているようです。今後、意識の高い富裕層が株式投資を積極化してきたならば、一段と貯蓄の格差が開く可能性があります。

次に資産の運用に対するスタンスの違いが金融資産の増え方の差にも出ている例として、日米の金融資産額の推移を見てみましょう。

そもそもアメリカは退職後だけでなく、現役世代から資産運用を行うことが一般的です。アメリカの家計の株式保有額は日本よりも多いことで知られており、約半分の世帯が株式を保有している(2016年)とのことです。しかも、年齢層別で株式保有比率の差は相対的に小さいという特徴があります。株式保有比率が高いのは40〜50歳前後を中心とした

アメリカと日本で老後資金に大きな差！

年齢階級別金融資産額（1世帯当たり平均）

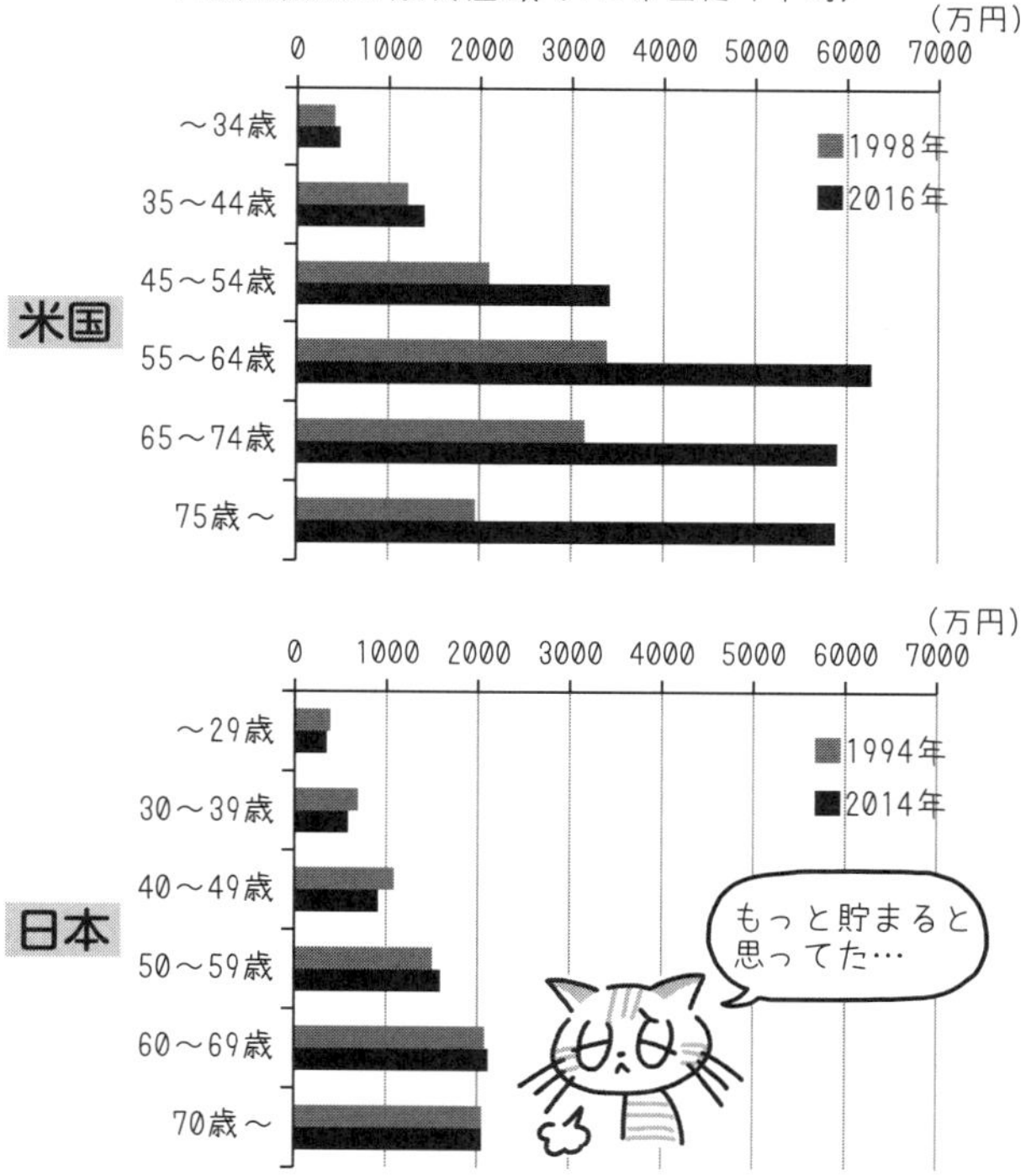

注：米国の金融資産額は各年の円ドル相場の平均を用いて円換算
出所：金融庁「高齢社会における金融サービスのあり方（中間的なとりまとめ）」

現役世代ですが、35歳未満の比較的若い年齢層でも4割の家計で株式を保有しているのです。

これによって、アメリカの退職世代（ここでは75歳以上）の金融資産は2016年には5870万円に達しており、過去20年で約3倍に増加しています。

これに対して、日本の家計の金融資産は過去20年間伸びていません。しかも2014年における世帯当たり金融資産は、60歳代で2129万円、70歳以上で2059万円となっており、退職世代などの保有する金融資産はアメリカの半分以下であることがわかります。

このように日米の金融資産の豊かさに格差が生じてきている状況からも、早い時期からリスク資産などへの投資を開始し、長いスタンスでじっくり保有することの必要性が示唆されているといえます。

4　資産形成のためには株式投資を

将来に備えて、体の「健康寿命」が維持できるよう、ウォーキングをしたり、食生活を改善したり、定期的に健康診断に行ったりする話はよく聞きます。しかし、お金の「健康寿命」を延ばそうと、毎日、毎月、あるいは毎年やっていることを一般的に話したりすることは少ないようです。「貯蓄あり」世帯といえども、現状のような低金利時代に、金融商品の半分以上を預貯金が占めていることからも、資産を増やす取り組みはこれからといえます。

投資対象となる金融商品には多種多様なものがありますが、選択肢の一つに**株式**を入れてみませんか。株式は安全性を重視すると選べない商品と思われているようですが、そんなことはありません。投資した資産の価格が変動するというリスクを理解したうえで、中長期のスタンスで取り組めば、資産形成の有効な手段となります。

お金の「健康寿命」を延ばすためには、短期的な株価変動のなかでのタイミングに固執するよりも、5年、10年、あるいはそれ以上といった長期の視点が必要です。また長期になると景気変動などを潜り抜けることになるので、そのなかで生き残り、成長できる強い企業を選ばなければなりません。

それでも予測できない様々な事象が起こる可能性はありますから、異なった特徴をもつ企業の株式を複数もち、リスク分散を図ることが大切です。つまり、①中長期の投資スタンス、②強い企業を選ぶこと、③分散投資、が株式投資のポイントです。

景気変動の山谷をピンポイントで予想するのが難しいのと同様、投資した銘柄の株価のピークや底値のタイミングを予測することは困難です。株価の底値で投資して、株価が天井を付けたところで売却できればもっとも投資効率がよいのですが、実際には不可能といえるでしょう。

株価が底値を付けているような状況を想像してみてください。景気が極めて悪い、企業業績が悪化しているなど、先行きに対して、投資家がみな悲観的になっている状況と考えられます。こうしたタイミングではなかなか投資に踏み切ろうとは思えないですね。逆に、株価が高値を付けている状況は、投資家がみな景気や企業の先行きに対して強気になっている状況です。そういったタイミングではむしろ投資したいと思うのではないでしょうか。

お金の健康寿命を延ばす
株式投資の3原則

1 強い企業を

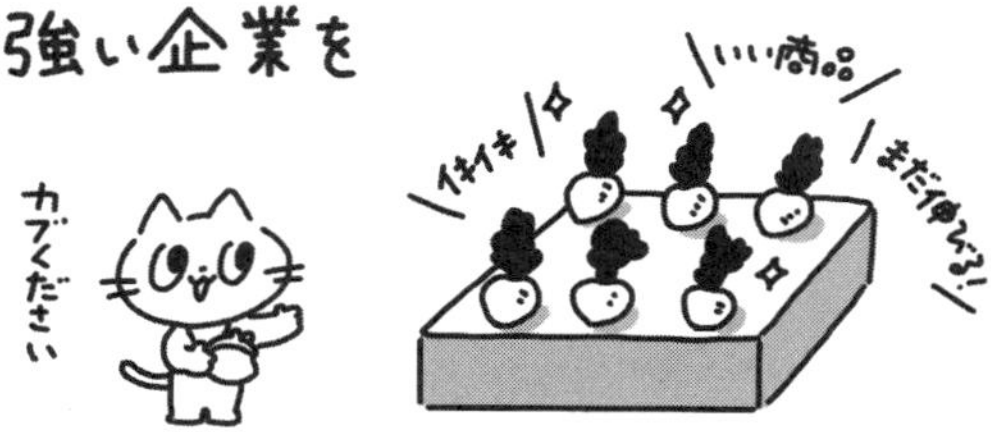

2 いくつか選んで

3 長く持つ!

すると、安いところで売却し、高いところで購入するということになりかねません。

中長期で見ると、株価はその企業の**ファンダメンタルズ**、すなわち利益の動きと連動しています。したがって、株式投資は「人生100年時代」を見据えて、実力のある企業をピックアップすることが銘柄選択の王道なのです。

私は証券会社に勤務していますが、社員はコンプライアンスの観点から、株式投資をする際、売買が様々な形で規制されています。短期の売買ができない、売買のタイミングも自由に選べないといった規制を残念に思う社員が多いのは確かです。しかし、タイミングが選べず、長期保有していたことなどが幸いして、ずっと持っていて本当に良かったとしみじみと語っている人がいるのも事実なのです。

5　P&Gの例――配当収入だけでも、元本を回収しておつりがくる

実力のある企業の例として、ここでは日用品メーカーの米プロクター・アンド・ギャンブル（以下、Ｐ＆Ｇ）に投資したケースを取りあげます。Ｐ＆Ｇは日本でもおなじみの日用品メーカーであり、グローバルで活躍する老舗企業です。

図表は１９９０年（正確には１９８９年末）に１０００ドル（当時の為替で約14万円）の資金をＰ＆Ｇ株に投資した場合、２０１８年にどうなったのかを示したものです。

１９９０年から２０１８年という期間で見ると株価は約10・5倍になっています。

それだけではありません。同社の場合、株主還元に積極的で２０１８年まで62年連続して増配を続けてきたという点も大きな魅力です。１９９０年に１０００ドルを投資して、２０１８年まで保有し続けた場合の受取配当金の総額を計算すると、４２１１ドルにも達します。これはつまり、元本の約４倍の収益を手にしたことになります。

加えて、２０１８年に売却したならば、売却益９５４８ドルを手に入れる計算になりま

P&Gに1000ドル投資していたら

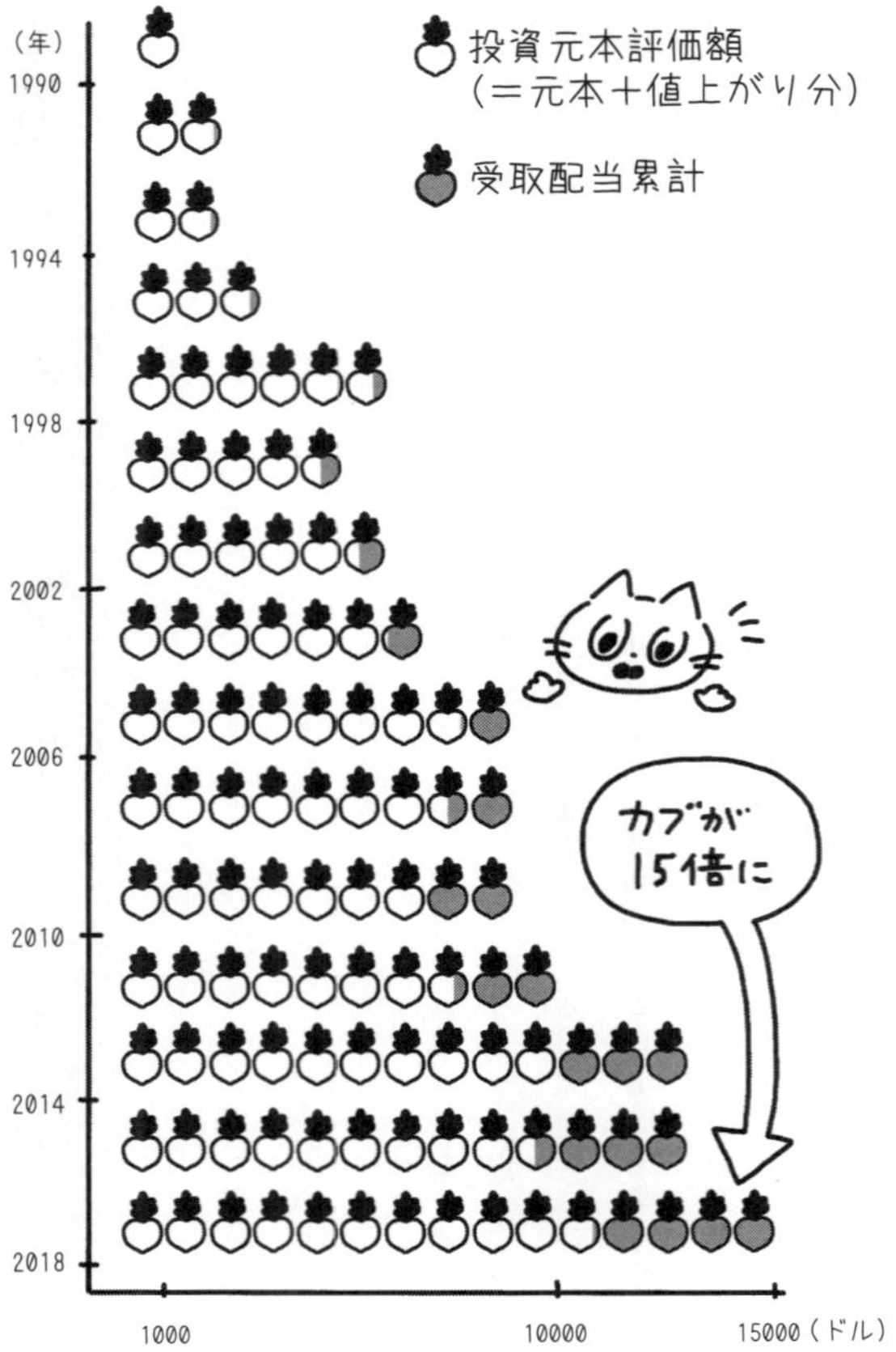

注：分割修正済み。カブ１つ（1000ドル）未満は四捨五入
出所：会社資料、リフィニティブより大和証券作成

す。受け取った配当金の総額と売却益を合計すると1万3759ドルが儲け分に相当します。1990年初（1989年末）当時1000ドル（14万円）を手元においたままだったら、何年経っても1000ドルです。それを株式に投資して長期で保有していた場合と比較すると、P&Gの場合では29年間で15倍もの差がつきます。

では、資産の全額をP&Gに投資すればいいのでしょうか？　そうではありません。体の健康を維持するためには様々な栄養が必要です。いくら体にいい食品だからといって、一つの食品だけを食べていては健康にはなれません。投資も同様です。いくらいい企業でも、将来の全てを予測できない以上、リスクはあります。違う分野や異なる特徴をもつ複数銘柄に投資したうえで、全体で収益を上げるべきでしょう。

では、実力のある複数の企業をどうやって選べばいいのでしょうか？　将来の資産形成を考えるのならば、目先の材料などに振り回されるのではなく、企業の規模、事業内容、企業のスタンス（配当や自社株買い〔4章5、6〕など株主への利益還元のスタンス）などを考慮すべきでしょう。その際、**企業決算**が様々な数字を知る手掛かりになります。

四半期ごとに発表される企業決算の数字は、健康診断の結果のようなものと考えてください。定期的にチェックして、何か変化が起きていないかを確認する重要なツールです。

ただ、健康診断の数値と同じで、足元の決算で一喜一憂しすぎるのも問題です。アナリストの意見なども参考にしながら、改善傾向にあるなかの一時的な悪化なのか、あるいはたまたまその時だけ良かっただけなのか等を検討する判断材料として使うのがいいでしょう。

本書では、いい会社を見つけるために、決算数字をはじめとした様々な数字の見方や使い方をご紹介していきます。

主な登場ネコ

投資家ネコ
どのカブを買おうか考えているネコ

株主ネコ
カブを持っているネコ

社長ネコ
ネコ缶をつくる会社を経営しているネコ

働きネコ
ネコ缶をつくる会社で働いているネコ

店員ネコ
ネコ缶を売っているネコ

銀行員ネコ
会社にお金を貸している銀行のネコ

怖いネコ
会社にお金を貸している怖いネコ

第1章

損益計算書(P/L)

1　財務3表の関係——会社が1年間事業を行った結果を客観的に表す

いい会社の基準はいろいろありますが、投資対象として考えた場合、それは儲かっている会社のことです。では、儲かっているかどうかは何で判断するのでしょうか。企業に関する情報は、新聞報道や雑誌の特集、テレビCMや新聞広告から入手できます。しかし、そうした情報は商品の宣伝や企業活動の批判といった目的で、それぞれの立場から発信されたものが多く、必ずしも客観性があるとはいえません。

企業活動は複雑で、いろいろな人々と関わっており、企業と関わりのある人たちを利害関係者（ステークホルダー）といいます。

具体的には、企業の製品やサービスを購入する消費者であったり、従業員であったり、原材料をおさめる取引先だったり、その企業の株式を購入した株主であったりします。このように利害関係者が数多くいるなかで、どんな立場にも偏らない、客観的な判断材料として提供される情報が**財務データ**です。

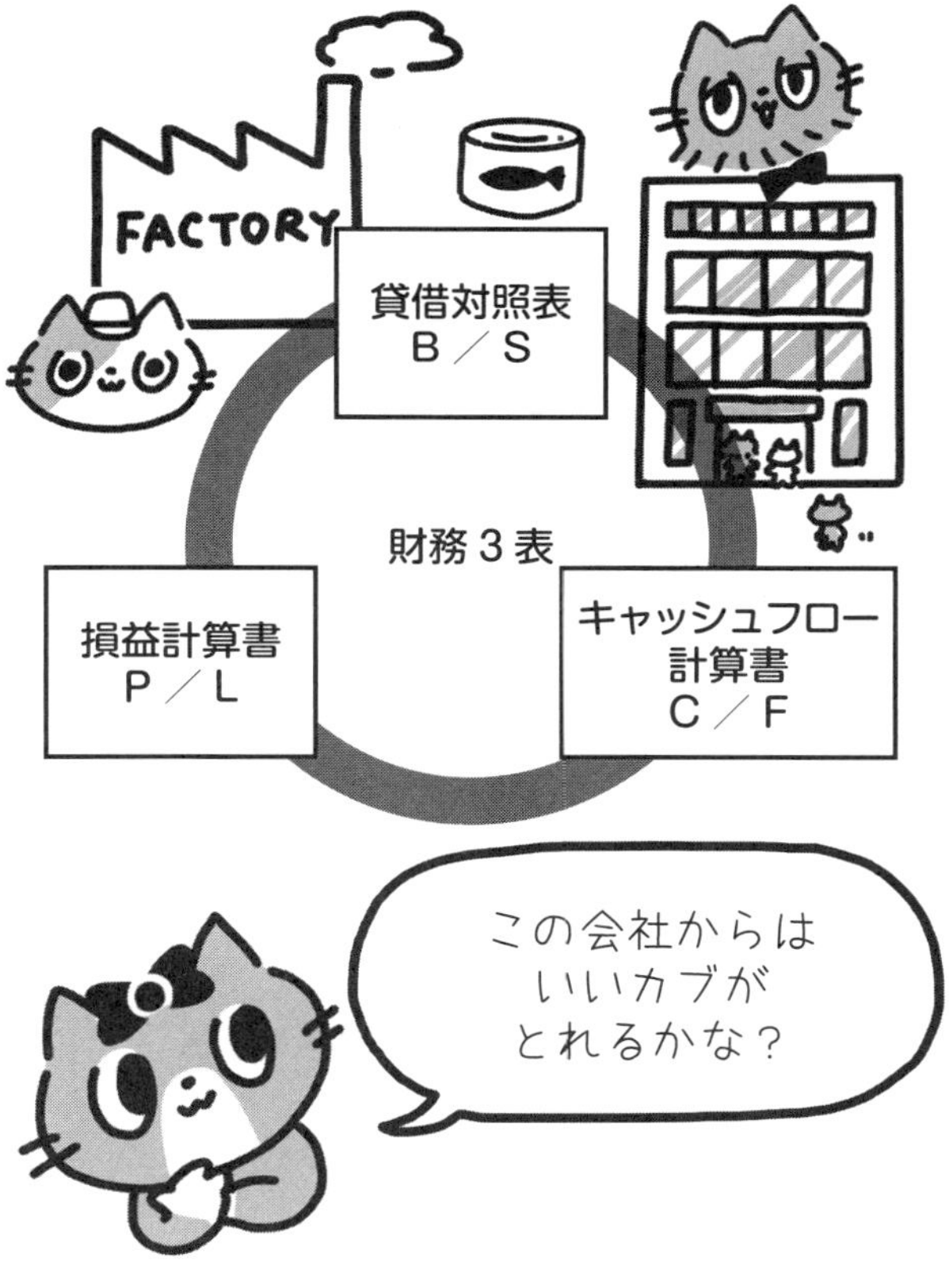
FACTORY
貸借対照表
B／S
財務３表
損益計算書
P／L
キャッシュフロー
計算書
C／F
この会社からは
いいカブが
とれるかな？

財務データとは、ある一定のルールに基づいて、会社が1年間事業を行った結果を数字で表したものです。経営者が儲かっているように見せるために利益の数字を上乗せするなど、都合のいいように財務データを書き換えようとしても、それはできません。ある一定規模以上の会社は、利害関係をもたず客観的に判断できる会計監査人の監査を受けなければならないという、信頼性の高い仕組みになっているからです。

財務データはこうした客観性・信頼性の高いデータだからこそ、それを見ることによって企業の状況や実力を判断できるのです。したがって、企業の株価の見通しを立てる際には、必ず見ておかなければいけないものと考えてください。

特に重要なのが**損益計算書**、**貸借対照表**、**キャッシュフロー計算書**の三つで、合わせて**財務3表**と呼ばれます。損益計算書では儲かり度合い、貸借対照表では財産の状況、キャッシュフロー計算書ではお金の流れが示されており、三つの異なる観点から会社の姿をとらえることができます。

これらはどの上場企業も公開することが義務付けられていますから、企業のホームページや日本取引所グループの適時開示情報閲覧サービスなどで閲覧できます。

ここからは、各章ごとにこれらの財務データの意味と読みとき方を見ていきましょう。

2　損益計算書《そんえきけいさんしょ》(P／L)——儲かっているかどうかを知る

財務データのなかで、もっとも重要なものは、「企業の通信簿」といえる**損益計算書(P/L：Profit and Loss Statement)**でしょう。その会社が1年間でどれだけ売り上げたのか、そのためにどれだけの費用をかけたのか、売上と費用との差し引きである儲けはいくらだったのか、すなわちいくら利益を上げたのかを示したものです。

株価は基本的に、中長期で見ると企業業績に連動します。そして、ここでいう企業業績とは、損益計算書（P／L）の数字を指します。そのなかでも重要なのは、儲けである利益です。したがって、株価の動きは中長期的には、P／Lに記載されている利益に左右されるということをまずは押さえましょう。

なお、P／Lで示される利益は、費用をどこまで含めるか、営業外の収益・費用やスポットで出た利益あるいは損失などを含めるかによって、売上総利益（粗利益）、営業利益、経常利益、当期純利益の四つがあります。これらの違いについては、本章4で解説します。

損益計算書(P/L)のしくみ

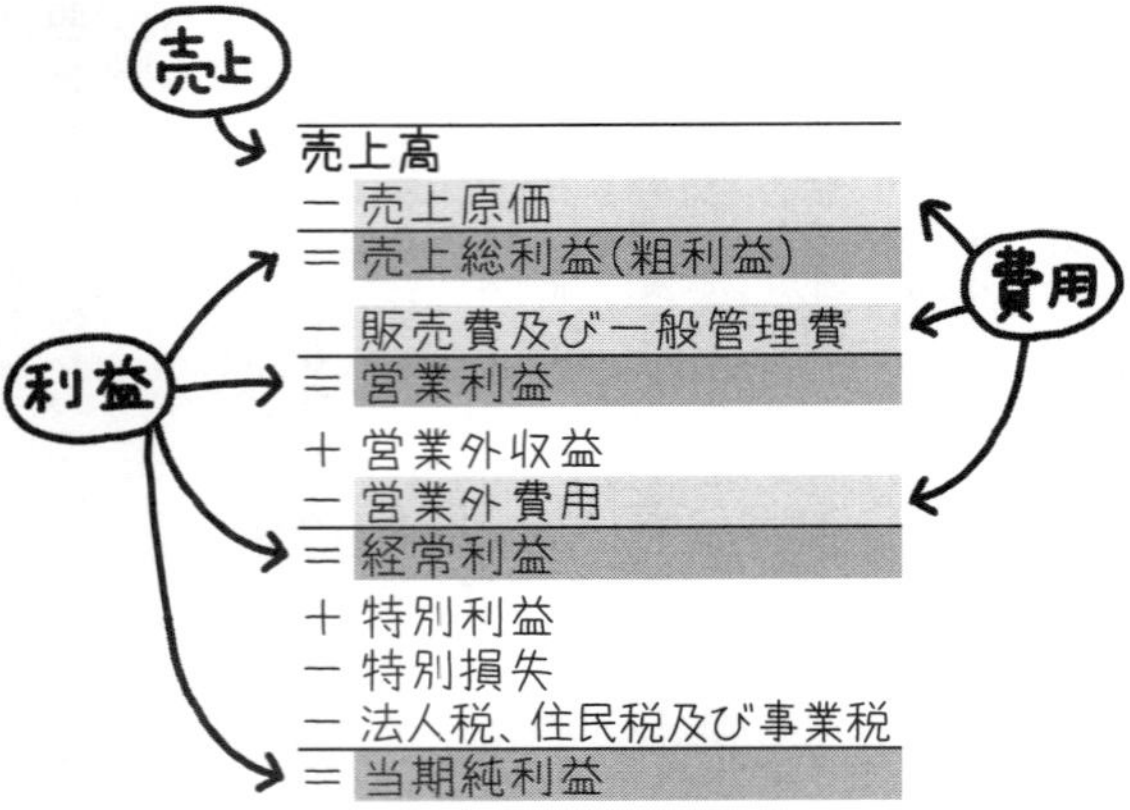

売上−費用=利益
で会社の儲けがわかる!!

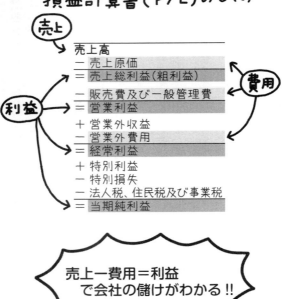

3 売上高《うりあげだか》――売上は個人でいうところの年収

その会社が儲かっているかどうか、これからも伸びていく会社かどうかを調べる際には、まずはその会社がどんな会社で、どれくらいの規模の会社なのかを知っておくことが大切です。これらは**売上高**（売上）を見て判断します。

お見合いの際、相手の職業は何なのか、どれくらいの年収をもらっている人なのかを知っておきたいと思うのと同じです。企業の売上は、個人の年収のようなものなのです。

個人の場合、年収は給料などその人が得た収入を指しますが、会社の売上は、製品や商品、あるいはサービスを外部にどれだけ売ったのかを示したものです。

ある会社がこれから伸びるかどうか、すなわち会社の成長性を知る手掛かりの一つが、売上の伸び率です。これは**増収率**と呼ばれ、当期と前期の売上を比べてどれだけ伸びたのかを見ることによって、その会社の成長性を判断したりすることができます。

成長産業といわれる業種には、前期から2ケタの伸びを見せるような増収率の高い企業

アマゾンの売上・増収率

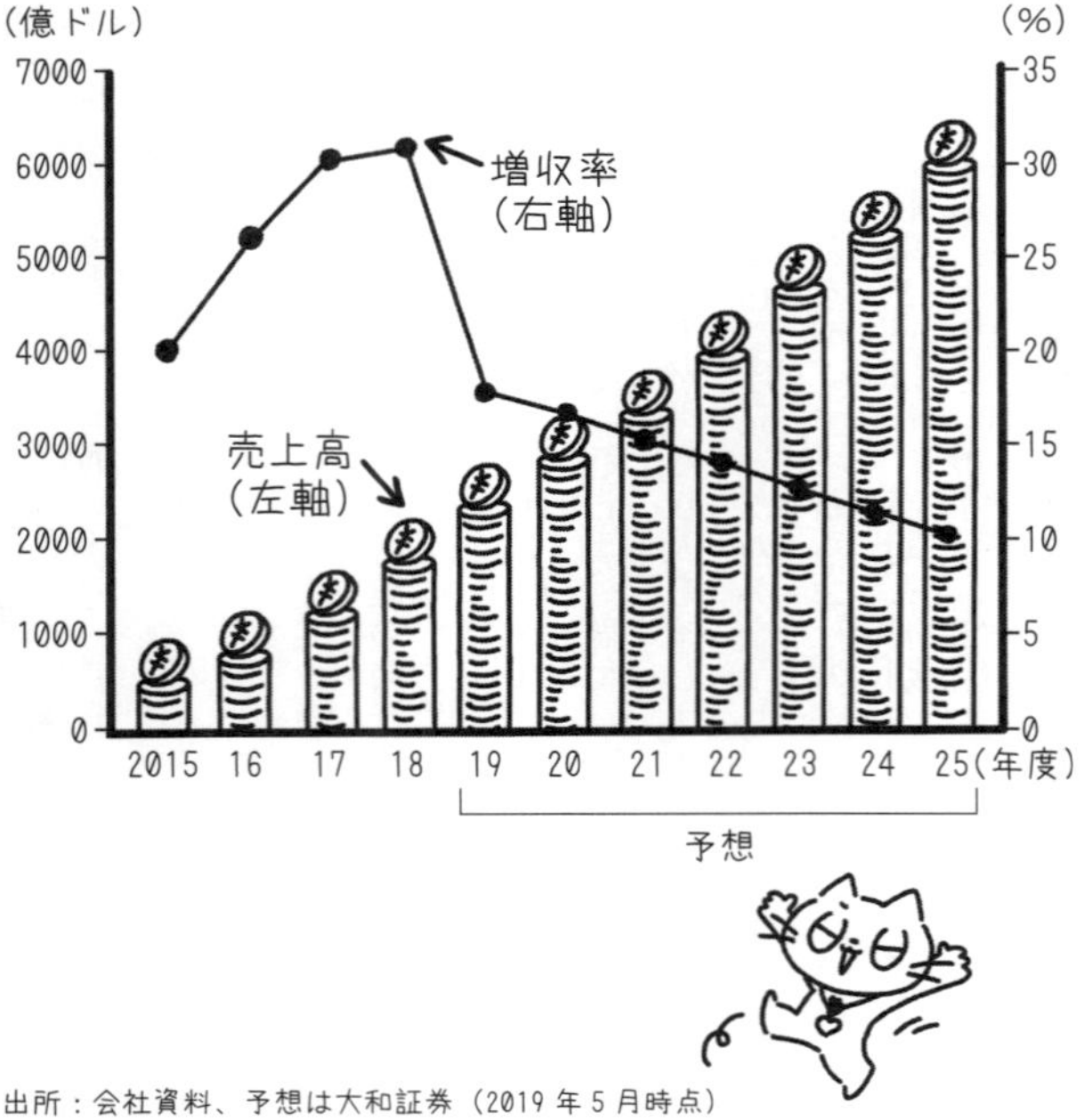

出所：会社資料、予想は大和証券（2019年5月時点）

が多くあります。その増収率の高さを判断する際には、5年から10年といったある程度長い期間にわたって高い増収率を保ち続けているかどうかを見ることが大切です。1年や2年だけ売上が高い伸びを示しているのだったら、景気循環（5章6）のなかで業績が拡大しただけかもしれませんので、注意しなければなりません。

成長企業の例として、米国企業のアマゾン・ドット・コム（以下、アマゾン）を見てみましょう。本を皮切りにネット販売などを行っている会社として、日本でもなじみがありますね。アマゾンの強さを示す事例には、事欠きません。同社の巨大さは20兆円（2018年度）を超える売上規模から見てとれます。これだけ大きな売上規模の会社ですが、増収率は2ケタの高い数値を示していることから、成長企業という位置づけは変わっていません。巨大な事業基盤を活かして、高成長を続けている強さは、同社の大きな魅力です。

売上を見る時に必ずチェックしたいのが、それぞれの事業部門がどれだけ売り上げているのかという**売上構成**です。多くの会社が、ひとつの事業だけでなく、複数の異なる事業で経営が成り立っています。主力の事業は何なのか、事業の柱はいくつあるのか、などを知ることは、その会社を知る第一歩といえます。

個人の場合で考えても、その年収を主にどこから得ているのかを知ることは、その人を知るうえでは重要でしょう。例えば、今ブームになっているブランドの洋服を販売しているお店を経営している人だったら、「そのブームが終わったら、将来どうなるのだろう」と考えますよね。もしその人が、副業で他からも収入を得ている場合、それはどういったビジネスなのかを知ることも大切です。

会社も同じです。その会社が何をしている会社で、どういった売上構成になっているのかということは、その会社の規模や将来性を判断する手掛かりになります。

例えば、ユニ・チャームの売上構成をみると、主力の紙おむつなどのパーソナルケア事業が87％と圧倒的であり、これに続く事業がペット用シートやペットフードなどのペットケア事業で、12％を占めていることがわかります（2018年12月期、以下同様）。紙おむつなどの国内市場は成熟しているといわれていますが、同事業の売上は中国をはじめとするアジア市場の好調を背景に前期比7・9％も伸びています。主力の紙おむつなどを軸に海外市場の拡大を取り込んで成長を図っている同社の姿が見て取れます。

4　利益《りえき》——株価は利益に左右される

個人の場合、その人の年収が多ければ資産家だろうなと推測されます。でも、その人に浪費癖があったら、手元にお金が残らず、本当は資産家でないということになりますね。企業の場合も同じで、売上が大きくても、コスト（費用）がかかる体質だったら、利益が残らず、儲かっていない企業といえます。

投資しようと思っている会社の成長性を見る際、まずは売上が拡大しているかどうかが手掛かりとなりますが、最終的には利益が伸びていないと意味がありません。

P／Lで示される四つの代表的な利益を、以下、順番に見ていきましょう。

◇売上総利益（粗利益）：もっとも基本的な利益

売上総利益は、製造業と非製造業ではその中身が違います。工場などでものを作る製造業の場合、売上から原材料費や労務費などの製造工程におけるコストを差し引いた利益を

利益は4種類

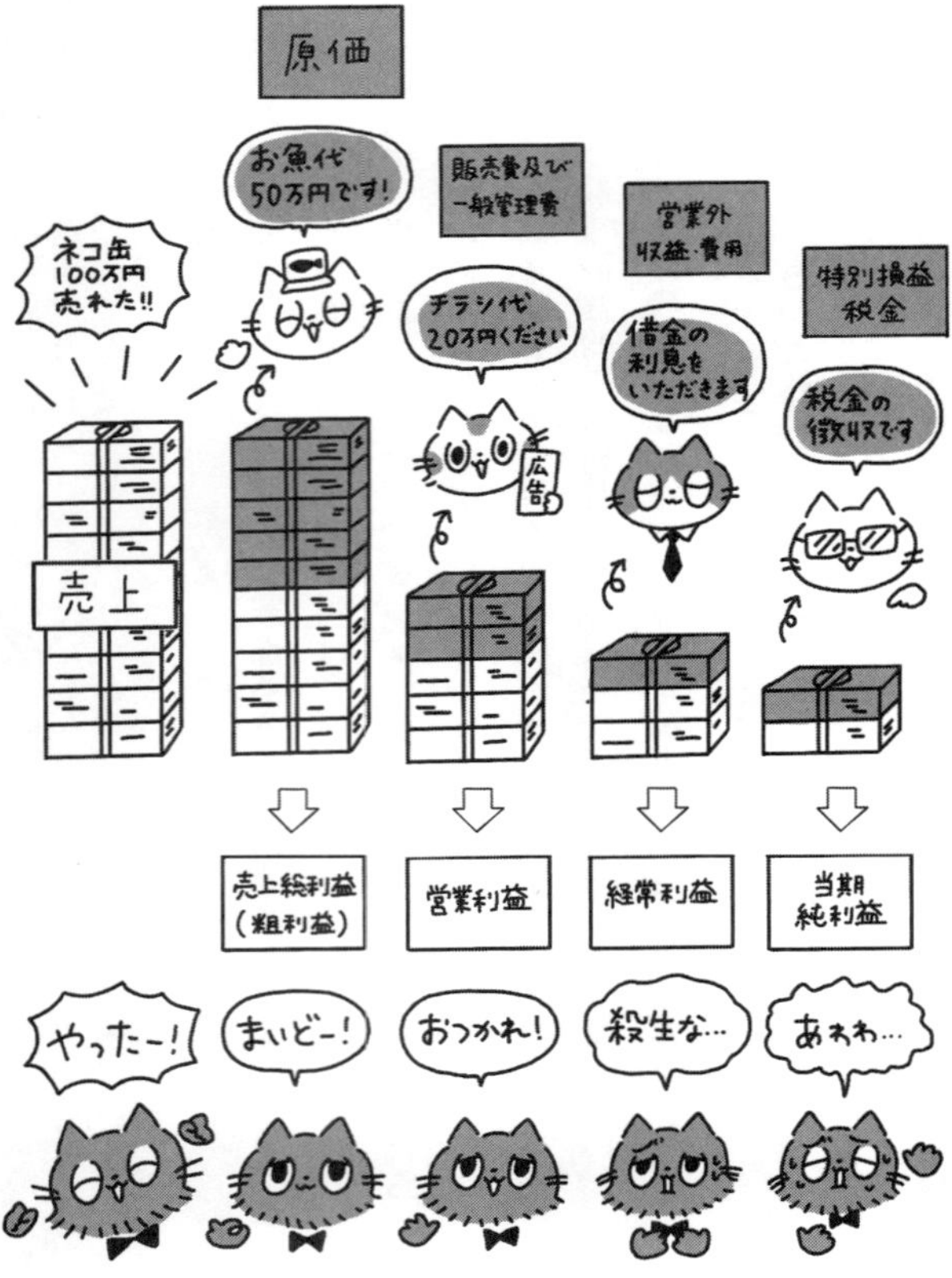

原価
販売費及び一般管理費
営業外収益・費用
特別損益 税金
ネコ缶100万円売れた!!
お魚代50万円です!
チラシ代20万円ください
借金の利息をいただきます
税金の徴収です
広告
売上
売上総利益（粗利益）
営業利益
経常利益
当期純利益
やったー!
まいどー!
おつかれ!
殺生な…
あわわ…

指します。一方、ものを仕入れて販売する小売業のような非製造業の場合は、売上から商品の仕入れコストを差し引いた利益を指します。

つまり、製造業では製品を生産した段階の利益、非製造業では仕入れと販売の利幅が売上総利益なのです。売上総利益はもっとも基本的な利益でもあることから、**粗利益**とも呼ばれます。

◇営業利益：本業の利益

企業が収益を上げるために必要な費用は、ものを作ったりするための製造コストや仕入れコストだけではありません。広告宣伝にかかる費用や営業員の給与といった販売費や、本社で働く人達の給与や本社ビルの賃料などの一般管理費もあります。

売上総利益からこうした費用を差し引いたものが、営業利益です。本業の収益を上げるために必要な費用すべてを差し引いた利益ですから、営業利益からは企業が本業に取り組んだ結果、どれだけ儲けたのかがわかります。

◇経常利益：総合力がわかる利益

企業はまた、本来の業務や営業活動以外からも収益や費用を得ます。それが営業外収益、営業外費用といわれるものです。

営業外収益には預金などの利息、債券や株式など有価証券への投資による利息や配当収入、有価証券の売却益などがあります。また、営業外費用には、借入金の利息の支払いや手形の割引料、社債の利払い、有価証券の売却損などが含まれます。

営業利益に営業外収益を加えて、営業外費用を差し引いたものが経常利益です。これは本業以外の活動も含めて、企業全体でどれだけ儲けたのかを示します。

企業の業績を判断するときには、この経常利益がもっとも重視されます。経常利益は会社が総合的にどれだけ儲けたのかを表したものであることから、業績が伸びているかどうかは経常利益が伸びているかどうかで判断するのです。

ただ、その際に注意したいことがあります。経常利益には金融収支のほか、有価証券売却損益、有価証券評価損益などが含まれるため、企業業績の実態とはかけ離れた数字になることがあります。したがって、経常利益だけを見ていると、企業の実態を見誤ることになりかねません。企業の事業活動による業績を把握するために、本業の利益である営業利益も確認しておく必要があります。

◇当期純利益：最終的に企業の手元に残る利益

当期純利益は経常利益に特別利益を加え、特別損失を差し引き、法人税・住民税・事業税などを控除した後の利益で、最終的に企業の手元に残る利益です。

特別損益には、土地などの固定資産の売却による損益、投資有価証券（89ページ参照）の売却に伴う損益などがあります。特別損益を加減するため、経常利益段階では黒字でも当期純利益段階では赤字というケースがあります。逆に、経常損益は赤字なのに、当期純利益段階では黒字という場合もありますので、気をつけなければなりません。

最後に、これらの利益の数字を、どのように判断すればいいのかを見ていきましょう。

当期と前期の利益を比べてどれだけ伸びたのかを示したものを**増益率**といい、成長性を判断する際によく使われます。と言っても、前年より伸びていればいいというわけではありません。まずは、過去にもっとも利益が出ていた時期と比べて、今の利益水準をチェックしましょう。例えば、以前に1000億円の最高利益を出したことのある企業が、前期に1億円の利益まで落ち込み、今期2億円にまで回復したとします。利益は前期比2倍の拡大と大幅な増益ですが、現在の利益水準が低くて増益率が高いケースは評価されないこともあります。当期純利益のピーク利益は、会社四季報等で確認できます。

株式市場では、企業、あるいは業界に良い変化が出てきたときに評価されやすいという傾向があります。具体的には、これまで減益だったが増益が見込まれる、今まで赤字だったけれど黒字になり、最悪期を脱し、立ち直りを見せた、といったときです。

また、「経常利益は増益だが、営業利益は減益」といったように、それぞれの利益において異なる動きを見せている場合、その会社の実態を表しているのはどの利益なのかを確認する必要があります。増益の中身も、売上の拡大によるものか、コスト削減によるものか、などを確かめる必要があります。コスト削減はいつまでも続くとは考えにくく、一過性の要因と判断されて一時的な評価にとどまるケースが多いといえます。一方、売上が拡大している場合は、製品の競争力が高まった、シェアが拡大しているといった業績そのものの良さが背景にあるとみられ、長い期間にわたって評価されることが多いためです。

このように株価を判断する際には、利益の種類や特徴を知ったうえで、利益の水準、動きや変化の度合いなども押さえておく必要があるのです。

5 費用《ひよう》——利益が出やすいかどうかはコスト構造でわかる

利益が今後も伸びていくのかどうか、利益が出やすい体質なのかどうかを判断するためにも、その会社の費用の中身や**コスト構造**を知っておくことは非常に大切です。

損益計算書（P／L）に掲載される費用には、いろいろな種類があります。費用はその特徴によって**変動費**と**固定費**に分類できます。

材料費や運送費など、操業度や売上数量が上がれば増えるし、下がれば減るという具合に、企業の活動に応じて変動する費用を変動費といいます。

一方、固定費は労務費（章末用語解説※1）や人件費、減価償却費（112ページ、用語解説※5）など、操業度や売上数量の増減とは関係なく発生する費用のことです。基本的に、売上数量の変動とは関係なく、一定額発生します。

例えば、売上が同じく1000円から1200円に伸びた二つの企業を例に見てみましょう。売上が1000円だったときにかかっていた費用が同じだとしても、そのなかでの

コスト構造が違うと、同じ売上増でも利益の増え方が違う

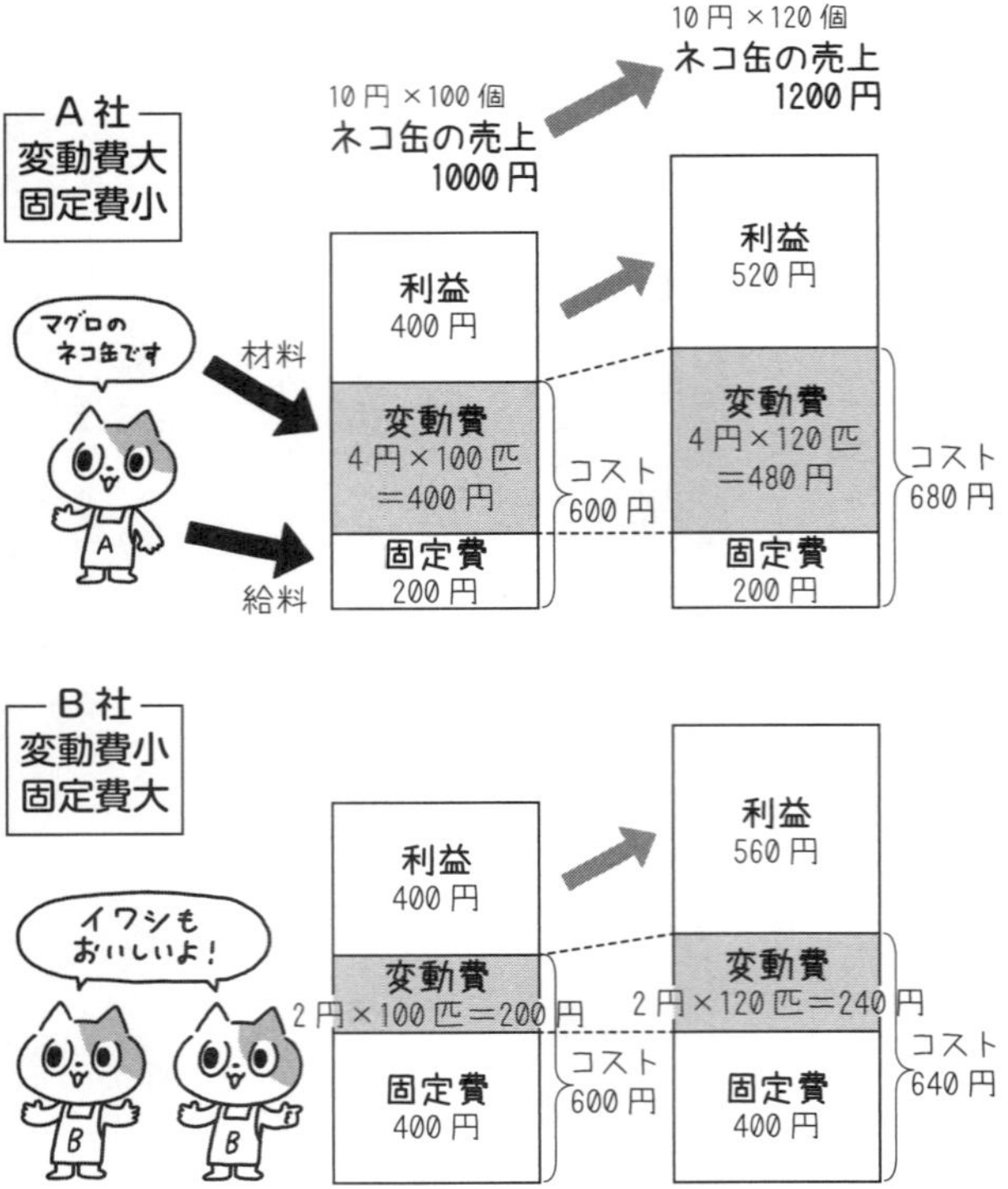

変動費と固定費の割合（コスト構造）が違えば、売上が1200円になったときの利益は変わってきます。

どちらの企業も缶詰の1個当たりの単価は10円で、各社とも100個を販売しており、売上の1000円は同じです。また、コストも合わせて600円ずつ、利益も400円ずつです。

しかし、缶詰の原材料（変動費）の単価、人件費（固定費）の構成がA社とB社では異なります。売上高と比べた原材料である変動費の割合（売上高変動費率）はA社40％、B社20％です。同様に売上高と比べた固定費の割合（売上高固定費率）はA社20％、B社40％となっています。

両社ともに、販売数量が100個から120個に増えたことによって、売上が20％増加した場合の利益を計算してみましょう。固定費は売上が増えても変わりませんので、数量が増えたことによる変動費の増加分を加味すると、利益はA社520円、B社560円となります（詳しい計算は図でご覧ください）。

このように、変動費の割合（売上高変動費率）が低い、あるいは固定費の割合（売上高固定費率）が高い企業のほうが、売上が増加したときの利益の伸び方が大きいことになります。このように、費用の特徴を知ることが、利益の出やすい企業なのかどうかを知る手掛かりになります。例えば、労働集約的な産業、設備投資額がかさむ装置産業などは、それぞれ人件費、減価償却費が大きく、コストに占める固定費の比率が高くなります。

ここまで説明した売上の増加は数量の増加を前提としており、コスト構造の違いによって利益への影響度が異なります。一方、価格の上昇、いわゆる値上げによっても売上は増加します。この場合、コスト構造と関係なく、価格の上昇分はストレートに利益に効きます。したがって、売上増加の利益に与える影響の大きい順としては、①値上げ＞②数量増（売上高変動費率小、売上高固定費率大）＞③数量増（売上高変動費率大、売上高固定費率小）になります。

6 売上高利益率《うりあげだかりえきりつ》——稼ぐ力を見る

企業業績からその企業の良し悪しを見極める際、その企業の**収益性**にも目配りする必要があります。収益性、すなわち企業の「稼ぐ力」を判断するものとしてよく用いられる指標が売上高利益率です。利益の金額だけでは、採算が良いものを売っているのか、あるいは、採算が良くなっているのか、悪くなっているのかといったことはわかりません。利益には四つの代表的な利益があるといいましたが、それぞれの利益を売上で割って計算した売上高利益率で、収益性を判断します。

◇売上高総利益率(%)=売上総利益÷売上高×100

売上総利益（粗利益）と売上高を比較したもので、**粗利益率**とも呼ばれます。粗利益率は、売上規模の異なる会社の製品・商品を比較して採算の良し悪しを判断するときに使われます。

4つの売上高利益率からわかること

売上高全体＝100％

売上高総利益率（粗利益率）
製品のブランド力や、生産効率がわかる

売上高営業利益率
本業の収益性がわかる

売上高経常利益率
会社の財務体力やグループ力を含めたトータルの実力が表れる

売上高当期純利益率
最終的な利益からみた収益性がわかる

売上高総利益率が高い会社

ファナック
産業用ロボットで世界首位
売上高総利益率　41.8％
2019年3月期決算短信より

粗利益率が高いケースには、①ブランド力や機能、価格支配力などの面から他社よりも高い値段が設定できる、②販売価格が他社と同水準でも生産コストが低い、などが考えられます。したがって、粗利益率は製品・商品の差別化の度合いや生産管理の巧拙を示す指標といえます。

①にあたるのは、世界トップシェア、しかも他社の追随を許さない高いシェアを誇っている企業の場合です。圧倒的に強い製品を作っていれば、価格競争などに巻き込まれにくく、高い価格を維持することができ、収益性の高い製品になるからです。また、その会社のつくったものでなければいけないブランド力をもった製品を販売している場合も、価格競争になりにくいでしょう。

②にあたるのは、徹底的に工場を自動化するなどして、圧倒的に安いコストで作ることに成功した場合です。価格競争にさらされても、採算を高くすることができます。

このように粗利益率が高い場合には、その製品や商品に何か儲かる背景があると判断できます。粗利益率が高いか低いかは同業他社との比較などが手掛かりになります。

◇売上高営業利益率(%)=営業利益÷売上高×100

営業利益は、販売にかかわるコストや本社経費などを差し引いた段階の利益です。営業利益率からは、売上高総利益率（粗利益率）よりも幅広い面からとらえた、本業の採算が読み取れます。

粗利益率が高いのに売上高営業利益率が低くなっている場合、販売費及び一般管理費などがかさむコスト構造の企業、ないしは産業であると判断できます。同業他社との比較をしたり、あるいは異なる産業と比較したりすることによって、本業における収益性の違いを判断でき、その会社や産業の特徴がわかります。また、同じ企業の業績を数年間にわたって見ていくと、収益性の変化がわかります。

さらに、事業別の採算性を見るうえでも役に立ちます。決算短信や有価証券報告書といわれる決算書のなかには、P／L以外にも**セグメント情報**があります。この「セグメント情報」では事業別、所在地別に売上高、営業利益などを開示しています。事業別セグメント情報の売上高営業利益率から事業の収益性を判断できるため、会社の収益構造を理解するうえで、ぜひチェックしてほしい項目です。いろいろある事業のなかで、稼ぎ頭の事業はどこなのか、不採算事業の立て直しは進んでいるのかといった、株価を判断するうえで重要なポイントが、こういうところにも隠されています。

また、**所在地別セグメント情報**は、販売した会社がどの地域にあるのか（販売元別）、という観点から数字を集計したものであり、所在地別の収益性を知る手掛かりとなります。これを**地域別売上高**と見比べることによって、追加の情報を得ることができます。地域別売上高とはどの地域に販売したのか、すなわち販売先別の売上高を示したものです。

例えば、所在地別売上高では日本が約6割を占めているにもかかわらず、地域別売上高で見ると約2割だという場合を見てみましょう。このケースの場合、日本から海外向けに輸出をしていることから違いが生じていると考えられ、為替が円安に動くとメリットを受けやすい企業体質だと読み解くこともできるのです。

◇売上高経常利益率（%）＝経常利益÷売上高×100

売上高経常利益率は、本業に加えて財務活動や関連会社の成果までを含めた、総合的な採算を見るときに使います。売上高営業利益率とともによく使われる収益性の指標です。

経常利益には金融収支（章末用語解説※2）、関連会社の損益が反映されています。そのため、金融収支の影響が大きい会社や関連会社が多い会社では、トータルの事業活動の採算を示す売上高経常利益率が実態を表しているといえます。本業の収益力に加えて、財務体力（金融収支）の差、グループ力（持分法投資損益…用語解説※3）の差などが、売上高経常利益率の差となって表れてくるのです。

◇売上高当期純利益率(%)＝当期純利益÷売上高×100

当期純利益は、会社が1年間で正味どれくらい儲けたのかを表した最終的な利益です。売上高当期純利益率はそれに基づいた収益性を見るときに使いますが、売上高利益率のなかでは比較的使われることが少ない指標です。というのも、当期純利益には通常の業務から生じる損益とは関係が薄い、イレギュラーに発生した固定資産の売却損（売却益）などが含まれており、企業の実力を示しているとはいえないケースもあるからです。

ただ、現在では株主重視の経営姿勢が求められていることから、株主への**配当**（4章5）の原資となる当期純利益で見た収益性の重要性は高まりつつあるようです。株主への還元が積極的かどうかを判断する際、当期純利益のうち、どれだけを配当に充《あ》てたのかを見る**配当性向**という指標が用いられます。このように、その会社が株主に報いることができるかどうかのカギは当期純利益が握っているといえます。

7　ROE《アールオーイー》（自己資本当期純利益率）——資本から見た収益性（1）

投資家が企業を選別するモノサシとして、資本効率から見た収益性である**ROE**が重視されるようになってきました。もともと海外の投資家が好んで使う指標ですが、年金基金や投資顧問会社などの機関投資家が、長期的な企業価値の向上という観点からROEに着目した運用を強めていることなどが影響し、注目度が上がってきています。

ROE（rate of Return On Equity）は**自己資本当期純利益率**とも呼ばれます。株主や投資家の立場から、投下した資本がどれだけの利益を生み出したのかを見る指標で、当期純利益を**自己資本**で割って求めます。

自己資本とは、株主が出したお金と会社が蓄積した利益の合計で、返済する義務のない、株主のものというべき資本です。こうした資本に対してどれだけ利益をあげているのかを見るものがROEであり、株主にとっては重要な指標です。

では、ROEが高い会社とは、どんな会社でしょうか。まずは、計算式の分子に当たる

$$\text{ROE}(\%) = \frac{\text{当期純利益}}{\text{自己資本}} \times 100$$

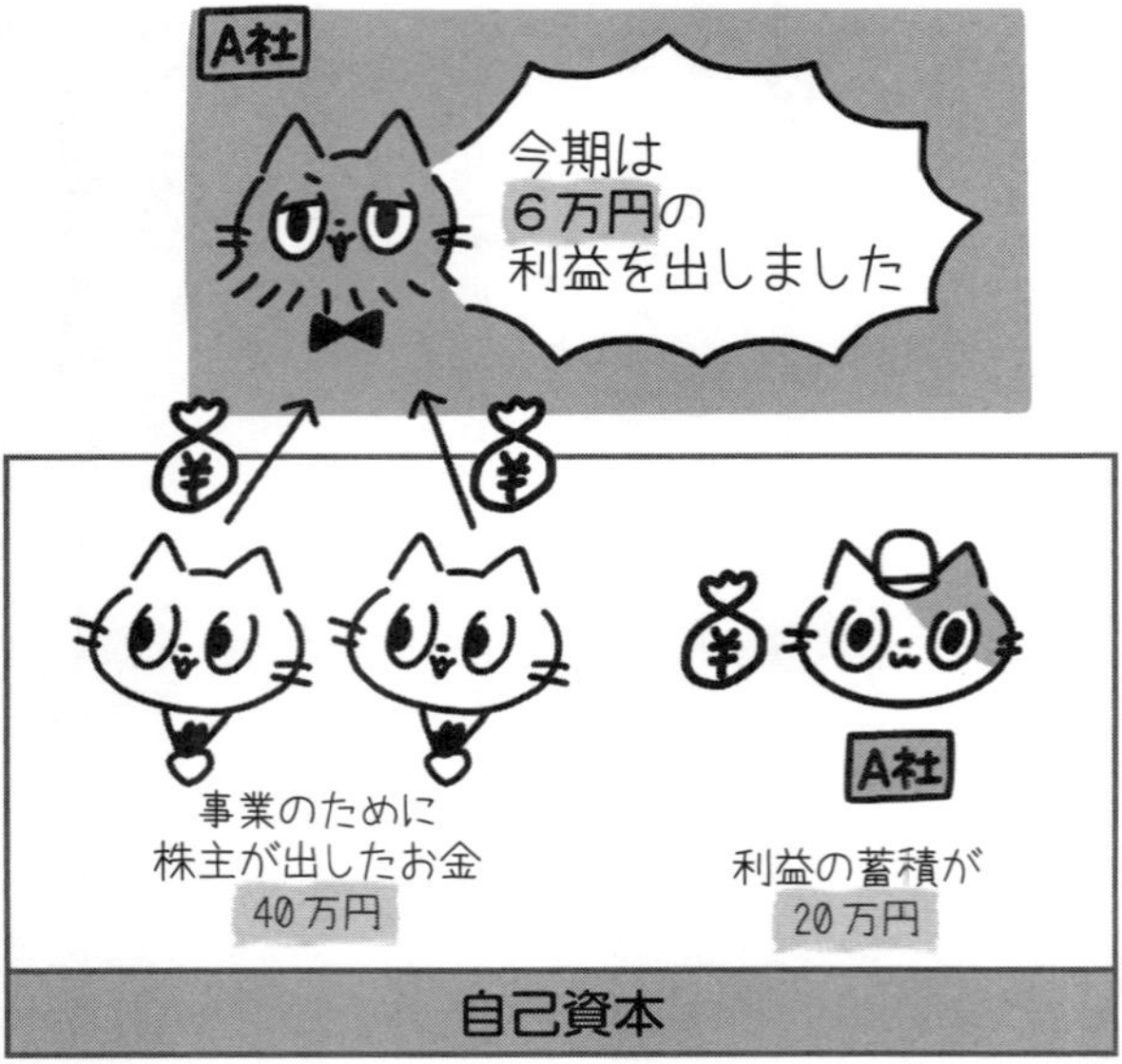

$$\text{ROE} = \frac{6\text{万円}}{40\text{万円}+20\text{万円}} \times 100 = 10\%$$

ROEが高い会社

カカクコム
価格比較サイトの運営
ROE 45.1%
2019年3月期
決算短信より
身軽

花王
トイレタリー国内首位
化粧品でも大手
ROE 18.9%
2018年12月期
決算短信より
トップシェア

当期純利益が多い場合です。当期純利益を増やすためには売上を増やすのが王道ですが、人員削減や不採算事業の撤退などのリストラを行い、コストを減らして儲けが出やすい体質にしている場合もあります。

つぎに、分母である自己資本が小さい場合です。もともと少ない資本で経営していたり、企業が自社株買いなどを通じて分母に当たる自己資本を小さくしていることもあります。

このように、ROEは分子が利益、分母が自己資本であるため、比較的大きな資本をもたなくても利益の上がる業界で高くなる傾向があります。高ROE銘柄のなかにはネット関連企業などが多くあります。ネット関連企業は一般的に大規模な設備もいらず、ビジネスの仕組みができあがればコストもそれほどかからないので、利益が出やすいためです。

こうした業態の企業は、現在のROEの高さよりも、今後の成長性を見て投資の判断をしましょう。投資家は今まで以上にROEを重視するようになってきたとはいえ、アイディア、ノウハウを活かした成長性こそが、株価を判断する際の重要な要素です。

一方、製造業で比較的高いROEを維持している企業があります。これらの企業は、製品の競争力を背景に高い収益を上げ、かつ自己資本と比べても効率的に稼げている結果として、高いROEを実現させています。その企業の強さ、資本の有効活用度合いがROE

に凝縮されているため、こうしたケースは投資家から評価されることが多いといえます。

業績がいい、成長性があるという要素に加えて、個々の企業の自助努力や競争力などを源泉としたＲＯＥの高さも、投資家をひきつける重要な要素なのです。

ところが、日本企業全体のＲＯＥは９％と、米国企業の18％と比べると低い水準にあります（２０１９年６月時点）。日本企業の場合、利益を上げると内部留保に回して自己資本を積み上げる傾向があり、ＲＯＥが低く抑えられるという面がありました。将来に備えて社内に蓄えておきたいという意識のほうが、ＲＯＥ重視の姿勢よりも強かったといえます。

現在では、キャッシュフローが豊富な企業や業績の好調な企業は、株主重視の観点からも、ＲＯＥを高めるために自社株を買って発行済株式数を減らし、自己資本を小さくすることを意識するようになってきました。こうした収益性を高める姿勢が日本の株式市場でも評価され、株価の上昇を通じて株主に報いることができるようになりつつあります。

ＲＯＥを見るときに注意したいのは、分母の自己資本が脆弱なためにＲＯＥが高いとか、特別利益を計上したがゆえに分子の当期純利益がかさ上げされてＲＯＥが高くなっている、というケースです。ＲＯＥを見て企業を正しく評価するためには、同業他社と自己資本比率を比較したり、利益水準を確認したりするといった目配りも必要です。

8 ROA《アールオーエー》（使用総資本事業利益率）――資本から見た収益性（2）

ROEと並んでよく使われるのが、**ROA**という指標です。

企業の利益には、本業で儲けた利益と、本業で得た資金や外部からの調達によって得た資金を運用して儲けた利益の二つがあります。企業の使用するすべての資本（総資本＝自己資本＋他人資本）と、これらの両方の利益を合わせた成果（事業利益といいます）を比較して、総合的に収益性を判断する指標をROA（rate of Return On total Assets：使用総資本事業利益率）といいます。ただ、実務上は当期純利益をはじめとする他の利益を使用することが多いようです。

ROEの節で、分母の自己資本が脆弱なためにROEが高くなるケースがあると述べました。ROAの場合は分母に総資本を用いて判断するため、こうした誤解は生じにくいといえます。ROAも併せて見ることによって、資本から見た収益性を正しく判断できるのです。

$$\text{ROA}(\%) = \frac{\text{事業利益}}{(\text{使用})\text{総資本}} \times 100$$

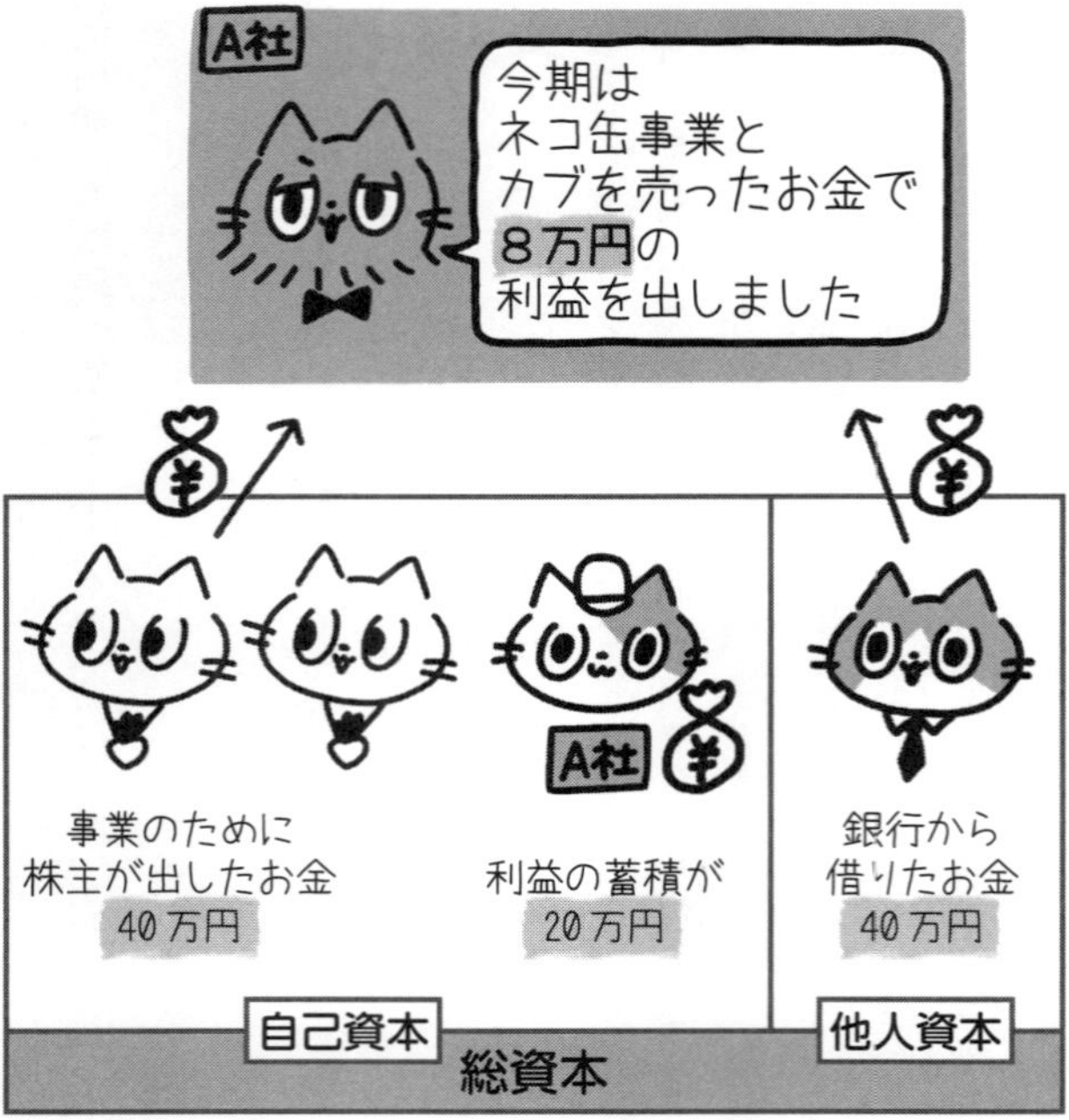

$$\text{ROA} = \frac{8\text{万円}}{40\text{万円}+20\text{万円}+40\text{万円}} \times 100 = 8\%$$

用語解説

※1「労務費」

製造業の場合、労務費は工場など製造過程で発生する人件費を差します。また人件費は、本社部門や販売部門などの人件費（狭義の人件費）のことを指します。

※2「金融収支」

金融収支は、受取利息・配当金から支払利息・割引料を引いて求められ、企業の財務活動の成果がわかります。受取利息・配当金は営業外収益、支払利息・割引料は営業外費用のなかの項目であり、金融収支がマイナスならば支払超過、逆にプラスならば受け取り超過といえます。

企業が資金を運用する場合は、金融機関に預けるだけでなく、取引先などの他社に資金を貸し付けることがあり、それによって得られる利息を受取利息として計上します。一方、受取配当金は株式に投資して得られる対価です。

一方、支払利息・割引料は金融機関などからの借入金に対する利息を支払ったときや、手形を割り引いてもらったときに金融機関に支払う割引料を指します。

借入金などの有利子負債の多い会社は当然、金融収支のマイナス幅が大きく、業績の足を引っ張ることになります。逆に、有利子負債が少なく手元資金が多い会社は、金融収支は黒字となります。

※3「持分法投資損益」

持分法投資損益は、持分法適用会社から上がる損益のことをいいます。持分法適用会社とは、原則として出資比率（議決権所有比率）が20％以上50％以下の非連結子会社や関連会社のことを指します。通常、持分法適用会社の最終損益を出資比率に応じて連結決算に反映し、黒字の場合は「持分法投資利益」（営業外収益）、赤字の場合は「持分法投資損失」（営業外費用）として計上されます。これは、持分法適用会社への投資が本体企業の収益にどれくらい貢献したかを見る一つのモノサシとなっています。

第2章

貸借対照表（B／S）

1 貸借対照表《たいしゃくたいしょうひょう》(B/S)――会社の体力を知る

損益計算書(P/L)は、会社が儲かっているのかどうかを示した、いわば会社の1年間の通信簿です。しかし、P/Lだけでは、その会社の体力が盤石なのか、あるいは脆弱で景気が悪化したら、倒産してしまいそうな財務体質なのかはわかりません。

個人の例に当てはめてみましょう。Aさんの年収が高いというデータを入手できたとしても、Aさんが資産を多く持つ、お金持ちかどうかわかりません。年収が高くても、浪費家で借金がたくさんあったならば、本当の意味でのお金持ちとはいえません。景気が悪くなり、給料やボーナスが下がり、年収が下がった場合、借金の返済ができなくなり、破産に追い込まれる可能性があります。

会社も同様です。ですから、ある会社の株式に投資をしようと思った場合には、「儲け」と並んで重要といわれる、体力を知っておかなければなりません。そこで、決算関係資料のなかの**貸借対照表**(**B/S: Balance Sheet**〔**バランスシート**〕)を見るのです。

B/Sで会社の資産状況がわかる!

2 貸借対照表の構造——左（借方）と右（貸方）がバランスする

それでは貸借対照表（B／S）の構造を見てみましょう。

B／Sは、左側（借方《かりかた》といいます）に**資産**の部、右側（貸方《かしかた》といいます）に**負債**の部と**純資産**の部という構成になっています。負債（他人から借りたお金。他人資本ともいいます）と純資産（自分のお金。自己資本ともいいます）を見ることによって、資金をどういった形で調達したのかがわかります。調達した資金を何に使ったのかは資産の部で把握できます。**資産＝負債＋純資産**となり、借方と貸方がバランスする、あるいは、バランスに残高という意味があることから、バランスシートといわれます。

では、貸方から順番に見ていきましょう。右下の「純資産」（自己資本）は、返済義務のない資金のことですから、ここには投資家から調達した資金や利益の蓄積が含まれます。投資家から調達した資金とは、会社が株式を発行して、それを投資家に購入してもらって得た資金であり、会社が存続している限り、株主（株式を購入してくれた投資家）に返済す

貸借対照表（B/S）のしくみ

借方	貸方
資産の部	**負債の部**
流動資産	流動負債
現金・預金	支払手形
受取手形	買掛金
売掛金	短期借入金
有価証券	固定負債
棚卸資産	社債
	長期借入金
固定資産	**純資産の部**
建物や設備	株主資本
土地	株主から集めたお金
投資有価証券など	利益の蓄積
繰延資産	
開発費など、	
将来効果が表れる費用	

集めたお金がどのように使われているか（借方）

どれだけのお金を、どうやって集めたか（貸方）

左（借方）と右（貸方）の合計は同じになる

資産＝負債＋純資産

B／S で会社の体力がわかる !!

るということはありません。利益の蓄積とは、P／Lに計上された最終利益（当期純利益）から、配当などの支払いを控除して最終的に企業の手元に残った利益の累計です。

一方、右上の「負債」は、ある一定の期間がきたら、返済する義務のある資金です。例えば、銀行からの借入や社債の発行などで調達した資金が該当します。

次に、左の借方を見てみます。事業を行うために、調達した資金をどのように使ったのかが、借方に表れます。建物や機械を買った、銀行に預金してある、株式など有価証券で運用しているなど、それぞれの項目と金額が借方に記載されます。

したがって、B／Sはある一時点における企業の状況を示したものということができます。3月期決算の場合は3月末時点（12月期決算の場合は12月末時点）における「企業の顔」といえるでしょう。

より理解しやすくするために、Aさんという個人がB／Sを作成したケースで考えてみましょう。

Aさんはネコ缶製造会社で働く会社員で、この年1300万円を出して自宅を買いました。就職してからこつこつ貯めた預金500万円のなかの300万円を頭金として、残り1000万円は銀行から借りてローンを組んでいます。

働きネコAさんの
貸借対照表をつくってみる

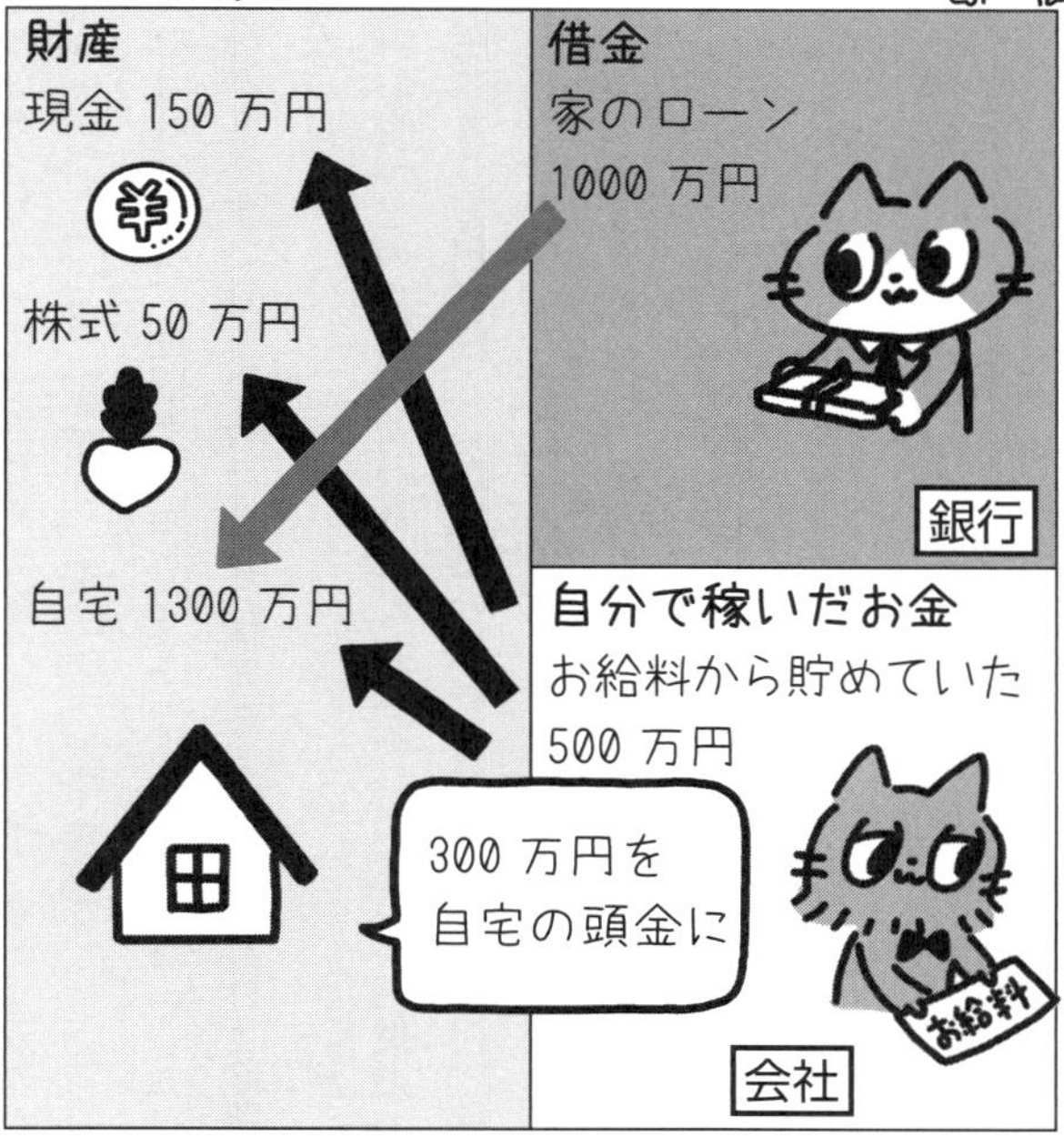

もらったお金の ⇦ 使い道がわかる

預金していた500万円はAさんが稼いだもので、誰かに返さなければならないというものではありませんので、貸方の「純資産」（自己資本）に入ります。銀行からの借入金である1000万円は、期限が来たら返さなければならないものであり、これは負債（他人資本）に入ります。貸方の合計は、「借入金1000万円＋貯蓄500万円＝1500万円」となります。

これらのお金がどのように使われたのかを示したものが、借方の資産です。ここから、Aさんは1300万円で購入した自宅のほか、現金150万円、株式50万円を保有していることがわかります。この時、借方の合計は「現金150万円＋株式50万円＋自宅1300万円＝1500万円」となり、借方と貸方の合計金額は一致します。

3 負債《ふさい》と純資産《じゅんしさん》——安全な会社ってどこでわかるの？

投資をしようと考えた会社が安全かどうかを知りたいと思ったら、B／Sを見ましょう。引き続き、ネコ缶会社で働く個人（BさんとCさん）を例に考えてみます。**財務リスク**が低い、すなわち破産しそうにないのはどちらでしょうか？

役員のBさんは3億円もする豪邸に住んでいますが、借入金が3億円あります。現在の年収が2000万円ありますから、毎年1000万円を借入金の返済に充てれば、30年で借金は返せる計算です。

しかし、景気が悪くなり、Bさんの勤めるネコ缶会社の業績が悪くなって、給料やボーナスが下がったりしたら、借金を返すことが困難になります。すると、豪邸は銀行に差し押さえられてしまいます。一見、豪邸に住んでいて羽振りがよさそうでも、なにか変化が起こると立ち行かなくなる可能性がある財務構造だということです。つまり、Bさんはリスクが高い財務体質だといえます。

年収2000万円　Bさんの B/S

資産の部	負債の部
現金　50 万円 宝石　50 万円 ゴルフ会員権 100 万円  自宅　3 億円	家のローンなどの借金 3 億円　←ここを見る! 借入金が多い財務構造で、安全性が低い
	純資産の部 稼いだお金の蓄積 200 万円

年収500万円　Cさんの B/S

資産の部	負債の部
現金　200 万円 ↑ここを見る! 借金はあるが、現金でいつでも返せる。安全性が高い 株式　100 万円 自宅　なし	奨学金の残り 100 万円
	純資産の部 稼いだお金の蓄積 200 万円

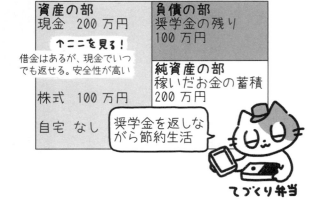

一方、Cさんは年収500万円の会社員で、マンションを賃貸で借りていますが、現預金は200万円持っていて、借金は奨学金返済の残りが100万円です。借金があっても現預金で十分に返せる余地がありますね。つまり、Cさんの財務構造は安心であるということがいえます。

会社の場合も同様で、負債と純資産の項目を見たときに、借入金が多い財務構造の会社は安全性が低いといえます。つまり、その会社の株式を保有したとしても極端なケースでは倒産してしまうといった、リスクのある会社だと捉えることができるのです。

4 有利子負債《ゆうりしふさい》――安全性を見る指標

B／Sの項目を用いて求められる指標に**有利子負債**があります。企業の財務体質が安全かどうかを判断するという観点で使われます。

有利子負債は、B／Sの負債の部にある借入金と社債を合計して求められます。

企業が大型の設備投資をしようとするときや企業買収を行おうとするときは、通常、株主が提供した資金と企業が事業活動を行うことによって稼ぎ出した利益の蓄積だけでは資金が足りません。不足分は、銀行からの借入れや社債の発行といった形で調達します。こうした借入金や社債はどちらも利子を払う必要があり、期限が来れば返す必要のある負債であることから、有利子負債と呼ばれます。

設備投資や企業買収などによって事業を拡張しようとする際に、有利子負債に頼るのは決して悪いことではありません。いったん有利子負債を膨らませても、成長機会を逃さないようにすることはビジネスの基本です。その後、業績の拡大がついてくれば、それを元

有利子負債＝借入金＋社債　他

負債の部		
流動負債	500万円	
支払手形	100万円	
買掛金	50万円	
短期借入金	50万円	← ここを見る！
未払金	50万円	
未払費用	50万円	
前受金	50万円	
預り金	50万円	
賞与引当金	100万円	
固定負債	400万円	
社債	200万円	←
長期借入金	100万円	←
退職給付引当金	100万円	
負債合計	900万円	

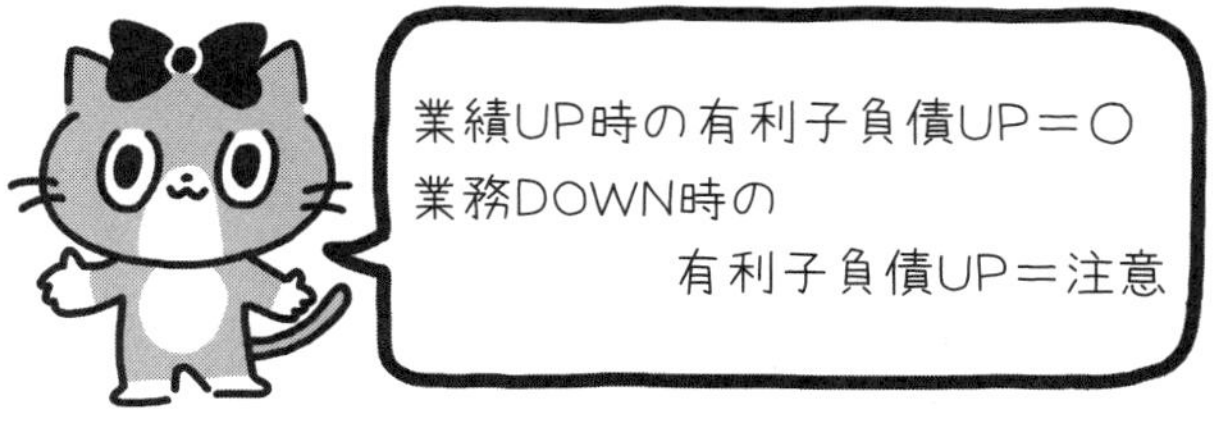

業績UP時の有利子負債UP＝○
業務DOWN時の
有利子負債UP＝注意

⇒ 次の「有利子負債依存度」もチェック！

手に借入金や社債を返せばいいのです。売上や利益が増えている局面で有利子負債が拡大している場合は、企業が積極的にリスクをとってビジネス拡大に動き出したととらえることができます。

一方、有利子負債の割合が高くなると、本章3で述べた通り、財務面でのリスクが高まるという側面もあります。事業環境が悪化する局面では、リストラに取り組み、有利子負債を削減し、財務体質の改善に努めている企業が株式市場では評価されます。なお、こういった環境下でも、有利子負債が増加し続けている企業には注意が必要でしょう。最悪の場合は破綻(個人では破産)する可能性があるためです。

このように、その時々の経済状況や事業環境によって、有利子負債の動きに対する株式市場の評価が異なってくるという点は押さえておきましょう。

つまり、有利子負債の金額の増減だけでは、企業の財務体質の動向を正しく評価できないのです。利益を増やし、純資産(自己資本)が有利子負債以上に大きく増えている場合は、有利子負債が増加していても財務体質は改善傾向にあるといえます。

5 有利子負債依存度《ゆうりしふさいいぞんど》、自己資本比率《じこしほんひりつ》——安全性を判断する代表的な指標

企業の体力を正しく判断するためには、有利子負債の額だけではなく、**有利子負債依存度**も見ておく必要があります。

有利子負債の金額が同じでも、企業の規模が異なれば、当然、負担の重さは異なります。資産全体が10億円ある会社の有利子負債2億円と、資産全体が3億円の会社の有利子負債2億円では、負担感は全く異なりますよね。こうした企業規模の影響を取り除いて、負担の重さを比較できる形にしたものが有利子負債依存度です。資産全体に占める有利子負債の比率を見ることで、財務体質の安全性を判断する指標です。

有利子負債依存度が高い企業は、財務体質という観点では相対的にリスクが高く、財務基盤が弱いと判断されます。

また、有利子負債依存度とともによく使われる指標が**自己資本比率**です。

自己資本比率は、返済する必要のない、株主から調達した資金や利益の蓄積の割合を見

$$有利子負債依存度(\%) = \frac{有利子負債}{総資本} \times 100$$

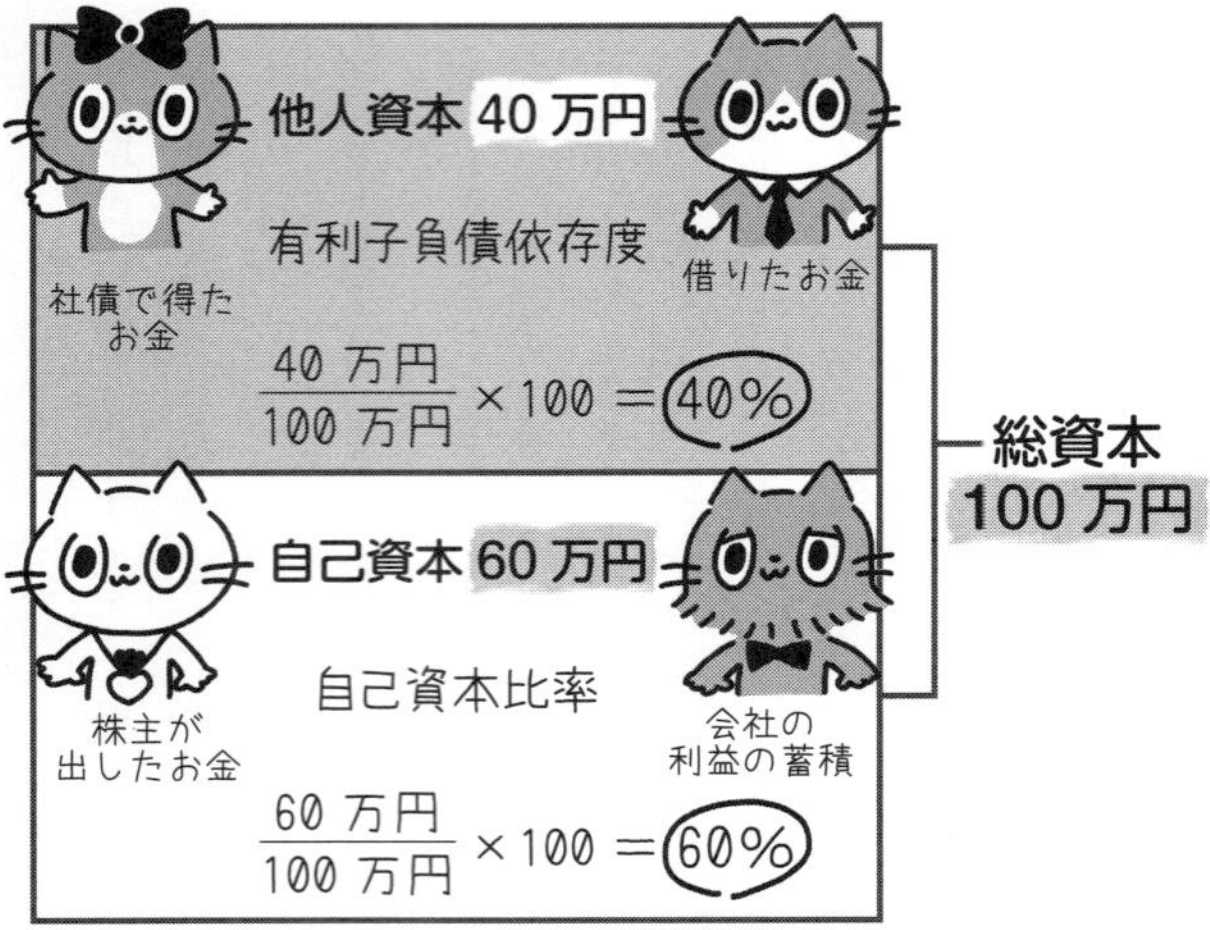

$$自己資本比率(\%) = \frac{自己資本}{総資本} \times 100$$

る指標です。自己資本の割合が大きいということは、裏返すと有利子負債の割合が低いということであり、財務体質は良好と判断できます。有利子負債依存度も自己資本比率も安全性を見る指標ですが、それぞれ逆の側面から財務体質をとらえた指標だといえるでしょう。

自己資本比率は、自己資本を総資本（＝総資産）で割って求めます。なお、自己資本は正確にいうと純資産から非支配株主持ち分などを差し引いたものですが、基本的に純資産≒自己資本だと思ってください。

6 流動資産《りゅうどうしさん》(負債《ふさい》)と固定資産《こていしさん》(負債)――換金しやすい資産と、そうでない資産

B/Sには、会社が持っている財産の性格を表す**流動資産**（**流動負債**）と**固定資産**（**固定負債**）という区分があります。

流動資産は現金・預金、短期保有目的の有価証券、受取手形や売掛金、棚卸資産など換金性の高い、つまり現金に換えやすい資産のことです。したがって流動資産が多いということは、支払期限が近くに迫っている負債があったとしても、その返済能力が高いことを意味します。

一方、固定資産は土地や建物、機械装置などのことで、いったん資金を投資して入手するとすぐに売却したりはしないので、資金が長期に固定される（資金が回収されない）ことになります。こうした資産の取得には返済期限のない資金、つまり純資産を充てるのが安全です。純資産だけでまかなうのが難しいとしても、少なくとも返済期限の長い固定負債でまかなうべきでしょう。

流動資産（負債）と固定資産（負債）の見方

固定資産の比率が高いのに、
流動負債の比率が高い会社は
注意！

ですから、固定資産のウエイトが高いにもかかわらず、短期で返済しなければならない流動負債のウエイトも高いようなB／Sの構造をもつ企業は、財務の安全性という観点からは注意したほうがいいといえます。

会社の体力の状況、特徴などを把握するためにも、流動資産（負債）や固定資産（負債）の意味を知っておくと役に立ちます。

なお、やや細かいことですが、流動資産に分類されるのか、それとも固定資産に分類されるのかの判断基準として、営業循環基準と1年基準の二つがあります（章末用語解説※4）。

7 棚卸資産《たなおろししさん》——効率性を見る判断材料

棚卸資産は、流動資産のなかでも特にチェックしておきたい項目の一つです。

棚卸資産とはいわゆる**在庫**のことで、製品や商品だけでなく、製品を作るために必要な原材料や仕掛品（製造途中のもの）などの在庫も含まれます。棚卸資産、すなわち在庫の管理がきちんとできている会社は、効率的な経営ができていると評価されることが多いようです。

在庫の変動にはいろいろな意味があります。例えば、在庫が増加した場合で考えてみましょう。

企業が先行きの需要に対して強気の見通しをもち、攻めの戦略を立てることによって、在庫を意図的に積み増すことがあります。まだまだ需要は強いので今後も売れると見込んで、在庫を増やしてでも生産を増やそうという動きです。

この意図的な在庫増は、見込みどおり販売が順調ならば、売上、利益の拡大に結びつき

棚卸資産＝在庫

資産の部	
流動資産	
	現金・預金
	受取手形・売掛金
	有価証券
	製品・商品
	仕掛品
	原材料
	その他
固定資産	
	建物
	機械
	土地

（製品・商品、仕掛品、原材料）棚卸資産

↑

ここを見る！

ますが、見込みが外れて販売が低迷すれば、一転して意図せず積み上がってしまった在庫になってしまいます。場合によっては、積み上がった在庫が売るに売れず、廃棄せざるを得ない事態となり、利益を圧迫することになります。

ごく普通に考えると、在庫の増加は保管にかかる費用の増加につながります。また、在庫が増加するということは、原材料などを仕入れたにもかかわらず売れていないわけですから、余計な資金が必要となってきます。さらに、品質の低下や製品の陳腐化（古くなって価値が失われること）などによる損失の負担も発生します。その分利益が減少することになり、経営を圧迫する要因となるため、在庫の効率的な管理は、各社とも経営上の大きな関心事の一つです。

したがって、過去何年か分のB／Sを比較して、棚卸資産がそれほど変わっていない場合は問題ありませんが、増加している場合は注意深く見る必要があります。売上の増加によって必要な在庫量も増加している、あるいは戦略的に在庫を増やしている局面なら、問題ないと判断できます。ところが売上が伸びていない、減少しているのに在庫が増えている場合は、何らかの問題が生じているかもしれないと疑ってみるのがいいでしょう。

用語解説

※4「営業循環基準と1年基準」

2章6でお話ししたとおり、ある資産が流動資産に分類されるのか、それとも固定資産に分類されるのかの判断基準として、営業循環基準と1年基準の二つがあります。

まず、「企業の一連の営業活動の過程にある項目についてはすべて流動資産とし、それ以外のものを固定資産にする」というのが営業循環基準です。

卸売業の会社を例に見てみましょう。卸売業の場合、手持ちの資金を使って商品を仕入れると、その商品を小売店に販売することによって、受取手形を受け取るか、売掛金という項目を計上します。受取手形も売掛金も、売上に対する代金を受け取る権利のことです。その後、期限が来ると受取手形や売掛金が現金で回収されます。この場合、「現金→商品→受取手形・売掛金→現金」という一連の営業活動の過程にあるそれぞれの項目を、すべて流動資産とするわけです。

土地や建物などは、会社の業務を行ううえでなくてはならないものですが、この一連の営業活動の流れのなかには入ってきませんので、固定資産に分類されます。

これに対して1年基準は、「決算日（3月31日決算の場合は3月31日）の翌日から数えて1年以内に現金となる資産を流動資産とし、1年を超えて現金となる資産を固定資産とする」というものです。

こうした期間を基準に判別できる資産として貸付金が挙げられます。1年以内に返済期限がきて、現金になる予定のものであれば短期貸付金として流動資産に計上し、1年を超えて返済されるのであれば長期貸付金として固定資産に計上します。

ただ、有価証券については保有目的によって分類されます。短期で売買する目的のものは流動資産に含まれます。例えば、運用目的で持っている株式などがこれに該当します。運用目的なので株価が値上がりすれば売ろう、あるいは値下がりしたら、損失を膨らませないためにも売ってしまおうといった意図で保有しているものです。

しかし、同じ株式でも、短期の売買目的ではなく、ある会社と取引で関係を強めたいという意図で保有している株式や子会社の株式等もあります。このように短期の売買目的でない有価証券については、投資有価証券として固定資産に分類されることになります。

負債も資産と同様、営業循環基準と1年基準をもとに、流動負債と固定負債とに分けられます。

第3章　キャッシュフロー計算書（C／F）

1 キャッシュフロー計算書《けいさんしょ》(C／F)――キャッシュフローと利益は一致しない

利益が出ている企業には、現金もたくさんあるはずだと思うでしょう。利益を出して、儲かっている会社はキャッシュリッチであることが多いのは確かですが、まれにそうとは言い切れない場合もあります。

ですから、利益の動きと現金の流れ、両方を見ておく必要があります。お金がなければ通常、会社は借金をして経営しますが、借金には返済期限があります。いよいよ返せなくなるという事態に陥ると、会社はつぶれてしまうからです。

キャッシュフロー計算書（**C／F：Cash Flow Statement**）は、まさに現金（cash）の流れ（flow）を把握するためのものです。会社にどれだけ現金が入ってきて、どれだけ出ていったのか、つまり現金の収支がわかります。2000年3月期から開示が義務付けられるようになった、比較的新しい財務諸表です。

ものを作っている製造業を例に見てみましょう。

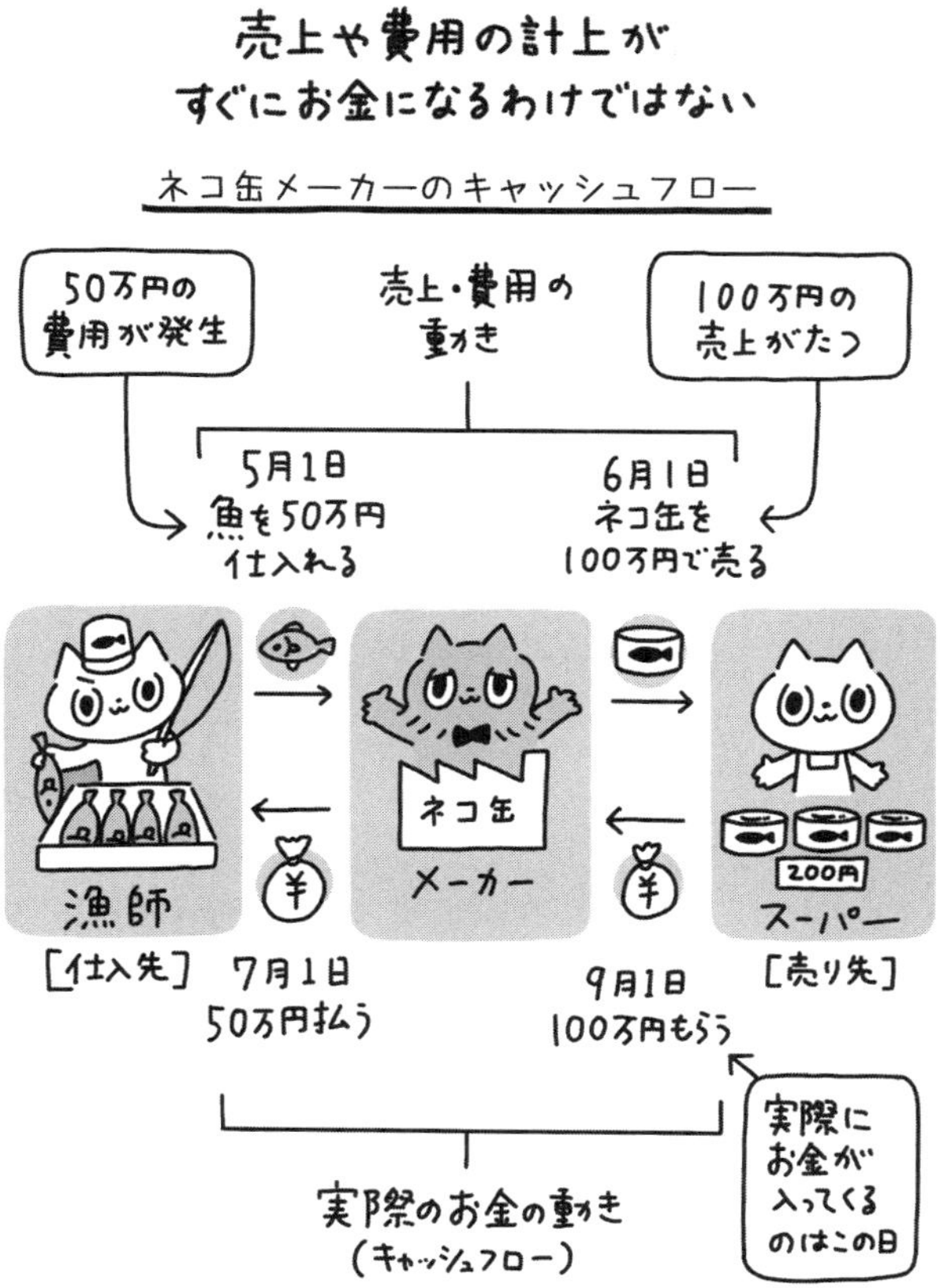

売上や費用の計上が
すぐにお金になるわけではない
ネコ缶メーカーのキャッシュフロー
50万円の
費用が発生
売上・費用の
動き
100万円の
売上がたつ
5月1日
魚を50万円
仕入れる
6月1日
ネコ缶を
100万円で売る
ネコ缶
メーカー
200円
漁師
スーパー
[仕入先]
7月1日
50万円払う
9月1日
100万円もらう
[売り先]
実際に
お金が
入ってくる
のはこの日
実際のお金の動き
(キャッシュフロー)

売上はものを作って販売した時に計上されます。ネコ缶を作っている会社だったら、ネコ缶を生産してそれをスーパーに販売したときに売上となります。ただ、販売した時点で現金を受け取ることは少なく、現金の受け取りは3カ月後という契約だったとすると、売上は計上されているけれど、3カ月間は現金が手元にないという状態になります。このように、売上計上のタイミングと現金が入るタイミングが、ずれることが多いのです。

費用も同じです。ネコ缶会社の場合、現金を支払っていなくても、原材料の魚を仕入れたときに、原材料費として費用を計上します。現金による支払いは2カ月後だとしたら、やはり費用の計上と現金の支払いのタイミングが異なってきます。

個人でもこういうことはあります。例えばカードで買い物をするときです。お財布に1万円入っていて、カードで3000円の買い物をした場合、その時点ではお財布の1万円は減りません。ですが、1カ月後には3000円を支払わなければなりませんね。実際の収支と現金の収支が違うということは、そんなに珍しいことではないのです。

したがって、利益が出ていても、念のために現金の裏付けを確認しておくのがいいでしょう。もしも、利益が出ている割には現金が入ってきていないなら、実態は見かけ(見た目の利益)よりも悪いということを示唆しているかもしれません。

2 キャッシュフロー計算書の構造――企業の経営姿勢を知る

キャッシュフローはどういうときに注目されるのでしょうか。

投資家は、企業がキャッシュをどのように使っているのかに関心があります。したがって、キャッシュが豊富な企業は、株主に報いようと自社株買いを実施したり、増配したり、といったことを行います。一方、豊富な現金を将来の種まきに使って、設備投資にお金を振り向ける企業もあります。

このように、お金の使い方を見れば企業の経営スタンスがわかることから、投資家はキャッシュフロー計算書の内容も注視しています。

キャッシュフロー計算書は文字通り、現金の流れを表したもので、現金の流れは**営業活動**、**投資活動**、**財務活動**の三つに分けて記載され、それぞれの活動において現金が出ていったのか、それとも入ってきたのかの収支がわかります。キャッシュフロー計算書では、現金が入ってくるとプラス、出ていくとマイナスで表示されます。

キャッシュフロー計算書（C/F）のしくみ

直接法

営業活動によるキャッシュフロー		
営業収入	＋	
原材料または商品の仕入支出	－	
人件費支出	－	
その他の営業支出	－	
小　計		
利息及び配当金の受取額	＋	
利息の支払額	－	
法人税等の支払額	－	
営業キャッシュフロー計		
投資活動によるキャッシュフロー		
有価証券取得	－	
有価証券売却	＋	
固定資産取得	－	
固定資産売却	＋	
貸付金の回収	＋	
投資キャッシュフロー計		
財務活動によるキャッシュフロー		
借入金の借入	＋	
借入金の返済	－	
社債の発行	＋	
株式の発行	＋	
配当金の支払額	－	
財務キャッシュフロー計		
現金及び現金同等物の増減		←3つのCFを足した合計
現金及び現金同等物の期首残高		
現金及び現金同等物の期末残高		←決算期末にあるお金

入ってきたお金＋

出ていったお金－

営業、投資、財務の三本柱で
現金の出入りの特徴がわかる！

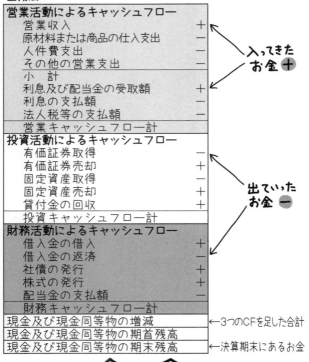

3 営業《えいぎょう》キャッシュフロー――企業の営業活動の中身がわかる

キャッシュフロー計算書の区分のなかでも、もっとも重要なのが営業活動によるキャッシュフロー、すなわち**営業キャッシュフロー**です。

本業に取り組んだ結果、どれだけキャッシュ（現金）が入ってきたのか、または出ていったのかを表し、この部分が企業活動を端的に表しているといえるでしょう。損益計算書（P／L）において本業の利益を表しているのが営業利益ですが、そのキャッシュフロー版といえるものです。単にキャッシュフローという場合は、営業キャッシュフローを指します。

営業活動によって生じる現金の流れを具体的に見てみると、製品やサービスを販売したことによる代金の回収（プラス要因）、製品を作るために必要な原材料の購入代金の支払い（マイナス要因）、製品を作ったり、サービスを提供したりするために必要な人員の給料などの支払い（マイナス要因）、事務所家賃や水道光熱費などの支払い（マイナス要因）とい

本業でどれだけお金を獲得できているかがわかる

↓「直接法」による表記

営業活動によるキャッシュフロー	
営業収入（商品やサービスの販売）	＋
原材料または商品の仕入支出	−
人件費支出	−
その他の営業支出（家賃や光熱費などの経費）	−
小　計	
利息及び配当金の受取額	＋
利息の支払額	−
法人税等の支払額	−
営業キャッシュフロー計	

プラスなのが
通常の姿
見る!

↓「間接法」が一般的

営業活動によるキャッシュフロー	
税引前当期純利益	
減価償却費	＋
売上債権の増加	−
棚卸資産の減少	＋
仕入債務の減少	−
……	
小　計	
利息及び配当金の受取額	＋
利息の支払額	−
法人税等の支払額	−
営業キャッシュフロー計	

見る!

ったものが挙げられます。

営業キャッシュフローは、本業を行った結果、どれだけキャッシュを獲得したのかを示すものですから、**プラスであるのが通常の姿**といえるでしょう。したがって、営業キャッシュフローがマイナスの場合は、何か異常事態が発生しているのではと疑ってみる必要があります。本業を行って、現金が出ていく状況が続けば、当然、企業の存続が厳しくなってくるからです。

ただ、売上が急成長している企業などで一時的に営業キャッシュフローが赤字になる場合などもありますので、現金や売上の動向などを確認しながら判断しましょう。

企業の業績はP／Lの利益の動きを見ればわかりますが、本業でちゃんとお金が入ってきているのかは、営業キャッシュフローで把握できるのです。

4　投資《とうし》キャッシュフロー――会社の投資に対する姿勢がわかる

投資活動によるキャッシュフロー、すなわち**投資キャッシュフロー**は、設備投資や株式投資など、投資活動に伴う現金の出入りを示したものです。

特に確認したい項目が、土地や建物などの有形固定資産、商標権や営業権などの無形固定資産の取得による支出です。これらの項目を見ると、設備投資を積極的にしようとしているのかどうかという会社の姿勢がわかります。

大量のキャッシュ（現金）をつぎ込んで設備投資をすると、投資キャッシュフローの赤字が一気に膨らみます。この場合は、翌期以降に営業キャッシュフローを確認し、投資した資金がどのように回収されていくのかを注意して見る必要があります。

ほかに、有形固定資産および無形固定資産の売却による収入という項目もあります。不採算事業の撤退にともなう工場の売却、遊休資産の売却といった、リストラによる資産の売却があった場合、現金の流入という形で表れます。いらなくなった設備の売却による収

投資に対する姿勢がわかる

	投資活動によるキャッシュフロー	
	有価証券の取得	−
	有価証券の売却	＋
土地や建物 →	有形固定資産の取得	−
土地や建物 →	有形固定資産の売却	＋
商標権や営業権 →	無形固定資産の取得	−
商標権や営業権 →	無形固定資産の売却	＋
	貸付による支出	−
	貸付金の回収	＋
	投資キャッシュフロー計	

土地や建物の売却金額が大きいのは、本業の調子がよくないのをカバーするため？
営業で儲けたお金を投資にあてるので、この合計はマイナスのことが多い

入もありますが、本業が苦しく、営業キャッシュフローで資金の流出に苦しんでいる会社の場合、こうした資産の売却によるリストラでカバーしようというケースもあるのです。

さらに、有価証券や投資有価証券の取得による支出、逆に売却による収入という項目もあります。これ以外にも、関係会社の株式の買い増し、あるいは売却、M&A（企業の合併・買収）などに伴う現金の動きから、企業のグループ経営、事業展開に対する姿勢を読み取ることもできます。

投資キャッシュフローのなかには、事業を継続していくうえでどうしても必要な設備投資による現金の支出が含まれているので、**マイナスとなるのが一般的**です。営業活動で得た現金（営業キャッシュフローのプラス）を設備投資で使う（投資キャッシュフローのマイナス）という形は、自然なキャッシュの流れといえます。

とはいえ、投資キャッシュフローがプラスの企業もあります。リストラを進めたため、遊休地の売却や関連会社株式などの売却で収入が支出を上回るケースがあるためです。

こうした資産売却などによるリストラは、いつまでも続くものではありません。リストラを通じて、財務体質を改善し、営業キャッシュフローのプラスを拡大させることができるかどうかを見ていく必要があります。

5 財務《ざいむ》キャッシュフロー——財務への取り組みがわかる

財務キャッシュフローは、企業の営業活動や投資活動を支えるもので、文字通り企業の資金調達などの財務活動における、資金の出入りを示しています。

財務活動によるキャッシュフローには、株式の発行による収入（プラス要因）、自己株式の取得による支出（マイナス要因）、配当金の支払い（マイナス要因）、社債の発行や借入れによる収入（プラス要因）、社債の償還や借入金の返済による支出（マイナス要因）といったものが記載されています。

大型の設備投資を行うと、投資キャッシュフローはマイナスになります。この時に財務キャッシュフローを見て、社債の発行によってキャッシュフローがプラスになっていたとしましょう。ここから、設備投資の資金をまかなうために社債を発行したということがわかります。

一方、借入金の返済などによる**財務体質の改善を図っているような企業は、財務キャッ

財務体質改善への取り組みがわかる

財務活動によるキャッシュフロー	
短期借入金の借入	＋
短期借入金の返済	−
長期借入金の借入	＋
長期借入金の返済	−
社債の発行による収入	＋
社債の償還による支出	−
株式発行による収入	＋
自己株式の取得による支出	−
配当金の支払額	−
……	
財務キャッシュフロー計	

財務CFが＋の場合

社債発行の収入が多いということは、このお金で工場を建てたのかも？
資産を売って財務体質を改善しているのかも？
本業の稼ぎで、順調に借金を返せている！

投資CFが＋で、財務CFが−の場合

営業CFが＋で、財務CFが−の場合

シュフローがマイナスとなります。この時、本業の営業キャッシュフローで稼いだお金で借入金を返済している場合もありますが、資産売却などで生んだお金を返済に充てている場合もあります。この場合は投資キャッシュフローのプラス、財務キャッシュフローのマイナスが続きますから、この企業は財務体質を早急に改善させるためのリストラを推し進めていると考えてよいでしょう。

6　フリーキャッシュフロー——企業が自由に使えるお金がわかる

フリーキャッシュフローとは、営業キャッシュフローから、企業が存在し続けるために必要な投資資金などを除いたものです。企業が自由に使えるお金であり、今後の事業の拡大に充てられたり、借入金の返済や株主への配当に充てられたりします。

キャッシュフロー計算書のうえでは、フリーキャッシュフローは営業キャッシュフローに投資キャッシュフローを足して求められます。

フリーキャッシュフローはプラスになる場合と、マイナスになる場合があります。それぞれどう判断したらいいのでしょうか。いくつかのパターンに分けて見てみましょう。

◇フリーキャッシュフローがマイナスのケース

フリーキャッシュフローがマイナスになるケースには、次の三つがあります。

企業が自由に使えるお金がわかる

営業キャッシュフロー＋投資キャッシュフロー
＝フリーキャッシュフロー

フリーキャッシュフローがマイナス

	営業	投資	
①	－	－	このままでは資金繰りがショートする可能性
②	－	＋	抜本的な収益の建て直しが必要
③	＋	－	設備投資等のその後の効果を確認すべき

フリーキャッシュフローがプラス

	営業	投資	
①	＋	＋	資産の売却があった場合、その後を注視
②	＋	－	ごく一般的な姿
③	－	＋	本業を立て直さないと、長くは続かない可能性

営業CFは＋
ネコ缶を売ったお金で
機械を買う
投資CFは－

一般的な企業の活動

①営業キャッシュフロー、投資キャッシュフローともにマイナス
②投資キャッシュフローはプラスだが、営業キャッシュフローのマイナスがそれを上回る
③営業キャッシュフローはプラスだが、投資キャッシュフローのマイナスがそれを上回る

投資キャッシュフローには事業を継続するために必要な投資による支出が含まれていますので、マイナス（現金流出）というのが一般的です。一方、営業キャッシュフローがマイナスの場合は注意する必要があります。①と②のケースがこれに相当します。営業活動を行った結果、現金が流出したわけですから、単純に考えると、その事業は行わないほうがいいことになります。

①のケースのように、営業キャッシュフローがマイナスで、投資キャッシュフローもマイナスということは、会社を立ち上げたばかりで十分に操業度が上がっていないときなどにありうる事態ですが、操業度が上がっていけば通常解決していくと考えられます。ただ、この状態を続けていると、あとは借入金を増やすなど財務キャッシュフローでカバーするしかなく、資金繰りがショートする可能性が高まってくるので要注意です。

②のケースは、営業キャッシュフローのマイナスが大きすぎて、投資キャッシュフロー

のプラスをカバーできない状態です。やはり、抜本的な収益の建て直し策をとらないと、やがて資金繰りにおいて力が尽きてしまうと考えられます。

③のケースは、設備投資などの投資が大きすぎて、営業キャッシュフローのプラスでまかなわれていない状況を表しています。業績拡大期にある企業や、一定のサイクルで巨額の投資を必要とする企業ではこうしたことがよく見られます。将来への布石を打つといった意味合いの投資は、株式市場においては現金の有効な活用方法として評価されます。

ただ、稼ぐために投資をしたけれども、実際は想定していたように稼げておらず、現金が思ったほど入ってこなかったという事態になっていないか、その後の推移で確認する必要があります。

◇フリーキャッシュフローがプラスのケース

フリーキャッシュフローが黒字のケースは次の三つが考えられます。

①営業キャッシュフロー、投資キャッシュフローともにプラス
②投資キャッシュフローはマイナスだが、営業キャッシュフローのプラスがそれを上回る

③営業キャッシュフローはマイナスだが、投資キャッシュフローのプラスがそれを上回る

②のケースは、本業で得たキャッシュ（営業キャッシュフロー）が設備投資などに使われる姿を意味しており、ごく自然な形といえるでしょう。

一方、①のようにプラスになるケースは、自社ビルや遊休地といった固定資産や株式の売却などで収入が支出を上回ったということが考えられます。本業が好調で営業キャッシュフローのプラス幅が大きく、キャッシュは潤沢なのに、さらに土地などの固定資産ないしは株式の売却などで一時的に投資キャッシュフローもプラスになった場合は、その現金がその後どのように使われるのかを見るべきでしょう。

問題は③のケースです。本業では現金が入ってこなかったため、投資で現金を得ている形になっています。ただ、営業キャッシュフローのマイナスをカバーできるだけの投資キャッシュフローがあるので、借入金などを増やすといった財務キャッシュフローには頼らなくて済んだということを表しています。

一般的に、リストラによって投資キャッシュフローがプラスになったとしても、長くて数年です。フリーキャッシュフローがプラスの間に本業を建て直し、キャッシュを稼げる

体制にしておかないと、いずれはフリーキャッシュフローがマイナスになり、資金繰りの手当てができなくなることも考えられます。

◇フリーキャッシュフローにはサイクルがある

フリーキャッシュフローは、一般的にはプラスであるほうがいいといわれます。ただ、フリーキャッシュフローのプラスを続けて、現金が増えていけばいいのかというと、そうとはいえません。現金をため込むだけでは、有効活用ができていないと株式市場では判断されるのです。

企業の成長パターンは、営業キャッシュフローでお金を獲得して、それを次の成長のための投資などに使うというのが、自然な形でしょう。したがってフリーキャッシュフローは、プラスとマイナスを交互に繰り返していくのが望ましいと考えられます。

用語解説

※5「減価償却費」

3章1で、取引で売上や費用を計上するタイミングと、実際に現金が出入りするタイミングが異なる場合について説明しました。

費用に関しては、実際に現金の支出を伴わない費用があるという点でも、現金の動きと異なる場合があります。現金の支出を伴わない費用は非資金費用と呼ばれ、減価償却費や引当金の繰り入れ（次ページ※6）などがこれに相当します。企業業績のコメントなどで目にする用語ですので、知っておきましょう。

建物や機械など、使用され、時が経過することによってその価値が減っていく資産のことを減価償却資産といいます。使っていくうちに古くなったり、傷んできたりする資産のことです。

減価償却資産である建物や機械は、その購入代金すべてを購入した期の費用として計上するのではなく、一定の期間にわたって（耐用年数といいます）徐々に費用として計上していきます。実際、建物や機械は1年間で使い切ってしまうものではなく、ある一定の期間にわたって使われるものです。こうして、耐用年数といわれる一定の期間にわたって、価値の目減り分を費用として計上していったものが減価償却費です。したがって、減価償却費が費用として計上されていても、それはすでに過去に現金を支払ってしまったもので、当期には現金は出ていかない費用といえます。

簡単な例で見てみましょう。前期に10億円で機械を購入し、前期中に支払いも済ませてしまったとします。耐用年数は10年とし、10年間にわたって同じ金額を費用（減価償却費）として計上というケースだと、毎年1億円（＝10億円÷10年）を減価償却費として計上することになります。前期に支払いは済んでいるので、今期以降1億円の減価償却費が費用としてあがってきますが、これは現金の支出はない費用ということになります。

※6「引当金の繰り入れ」

引当金の繰り入れも、減価償却費と同じ非資金費用です。減価償却費は過去に現金を支払ったものを後から費用として計上するのに対して、引当金の繰り入れは将来発生するかもしれない損失をあらかじめ「これくらいの金額になるのでは」と見積もって、まだ現金の支出がないにもかかわらず、費用として計上するものです。

A社がB社に対して100億円貸したとします。期限が来たら、100億円の元本に利子をつけて返してもらいますが、もしB社の経営状況が悪くなったら、70億円しか返してもらえないということもあり得ます。

こうした事態に備えて、あらかじめお金を貸す時に一定割合を費用として計上しておくのです。例えば１００億円を貸し付けて（利子はないと仮定）、１割にあたる10億円を引き当てておけば、実際には70億円しか返ってこなかった時、すでに10億円分は損失として計上しているので、残り20億円分を損失として計上すればいいのです。

こうした仕組みを知っておくと、「儲かっているように見えても、実はお金があまり入ってきていない会社なんだ」、あるいは「地味な会社だけれど、お金が着実に入ってくる会社なんだ」といった、お金の流れを踏まえた会社の実態がわかって、おもしろいかもしれません。

第4章 株価を測るモノサシ

1　株価はどうやって決まるのか

株式の価格（株価）は、野菜や果物、洋服や原油といったモノや、宅配便といったサービスと同じく、需要と供給のバランスがとれたところで決まります。株式の買い手が多い、人気のある（需要が多い）会社の株価は高くなり、売りたいと思う人が多い（供給が多い）会社の株価は安くなります。

モノの価格が上昇している場合（値上げ）を例に見てみましょう。

ここのところ、企業は人件費の上昇やそれに伴う物流費の上昇、原燃料価格の上昇などに背中を押され、値上げを打ち出すケースが多々あります。企業が値上げを打ち出しても、企業の思惑通りの価格で売れるとは限りませんが、その製品やサービスをほしいという人がたくさんいて、「価格が高くても買おう」という状況では、消費者が価格上昇を受け入れます。これはすなわち、供給に対して需要が強いという状況です。

株式の場合はどうでしょうか。企業が自社の株価を上げたいと思っても、自分で値上げ

株価は需要と供給のバランスで決まる

はできません。ですが、需要と供給の関係で決まるというのはモノやサービスと同じです。株式を購入したいという投資家が、売りたいと思う人より多くいるかどうかがカギとなります。

株式の場合、購入したいと思わせる決め手に相当するものは企業業績です。利益を出して成長している企業の株式を、多くの人は欲しがります。その結果、価格（株価）は上昇します。

株価の今後の動きを予測するためには、まずはここまでに見てきた増収率や増益率、利益率などの指標を使いながら、企業業績の良し悪しを判断します。そして、会社の儲かり度合い、会社の体力や資金繰りなどを総合的に見て、今後の業績がどうなっていくのかを予想します。こうして会社の状況を把握したうえで、**その会社の現在の株価はどのように評価されているのか**を検討することになります。

投資してみたいという会社を見つけたら、その会社の株価が割安な位置にあるのか、妥当な水準にあるのか、過大に評価されていないかどうかを、様々な指標を見ながら判断する必要があるのです。

この章では、株価を評価するための様々な指標を紹介していきます。

2　EPS《イーピーエス》（1株当たり当期純利益）——株価との比較で用いる

EPS（Earnings Per Share）は**1株当たり当期純利益**とも呼ばれ、当期純利益を発行済株式数で割って求められたものです。株価と企業業績を比較する際に用いられる、代表的な指標です。

EPSは大きいほど、1株に換算した場合の企業の利益額が大きく、儲かっているといえます。

ただ、EPSは当期純利益から求めるため、特別損益などの特殊要因があると、それによって数字が左右されます。特殊要因とは、リストラ関連の費用など多額の特別損失を計上したり、遊休地の売却などによって特別利益を計上したりすることを指します。

さらに経常利益の段階でも、本業の業績悪化をカバーするため、有価証券の売却益を計上したりするケースなどがあります。株価は本来の企業の実力を反映するものですから、EPSのほうも特殊要因を除いて企業の実態に即した形のEPSを求め、株価と比較すべ

EPSで企業の儲かり度合いがわかる

EPS(1株当たり当期純利益)＝$\frac{\text{当期純利益}}{\text{発行済株式数}}$

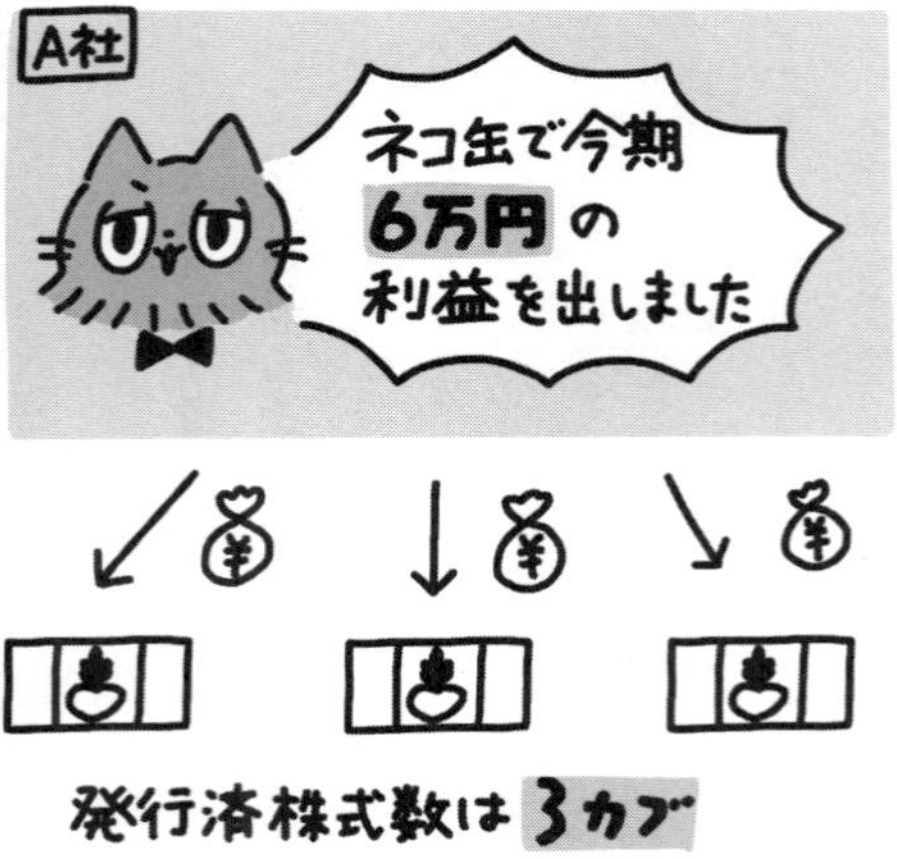

EPSは $\frac{\text{6万円}}{\text{3カブ}}$ ＝2万円

きでしょう。

また、ＥＰＳは分子である当期純利益が増えることによって増加しますが、分母である発行済株式数を減らすことによっても増加します。株主に報いるべく、株価を上げようと、自社株買いを行うことによってＥＰＳを高める企業が増えている点も覚えておきましょう。

株価は、実績の利益ではなく、将来の利益を織り込んで動きます。したがって、株価の先行きを予想する際には、実績に基づくＥＰＳではなく予想ベースのＥＰＳを使います。予想ＥＰＳにはいろいろな種類がありますが、アナリスト予想値、各社アナリストの予想平均値（コンセンサス予想といいます）、会社予想値、会社四季報予想値などを参考にするのがよいでしょう。

3 ＰＥＲ《ピーイーアール》（株価収益率）——株価が割安かどうかを判断する（1）

1株当たりに換算した利益であるＥＰＳが増加すれば株価は高くなり、ＥＰＳが減少すれば株価は下がるという関係にあります。この株価とＥＰＳの関係を直接に結びつけた指標が**ＰＥＲ**です。

ＰＥＲ（Price Earnings Ratio）は**株価収益率**とも呼ばれ、企業が生み出す利益（1株当たり当期純利益）の何倍まで株式が買われているかを見ることで、株価が割安か割高かを判断するものです。株式市場が注目するのは将来の利益です。したがってＰＥＲは今期以降の予想利益に対して使い、ＰＥＲが低いほど割安という見方をします。

ＰＥＲは何倍が妥当なのかは一概にいえませんが、相場全体のＰＥＲ水準を目安にすることがあります。日米欧などの各市場のＰＥＲは差があるとはいえ、市場のグローバル化によって、同じような水準に収斂《しゅうれん》してきています。企業業績の状況などを加味しつつ、市場平均と比べるなどして判断するのがよいでしょう。日本経済新聞の場合、マーケット総

PERが低いのは割安の目安

$$\text{PER（株価収益率）（倍）} = \frac{\text{株価}}{\text{EPS（1株当たり当期純利益）}}$$

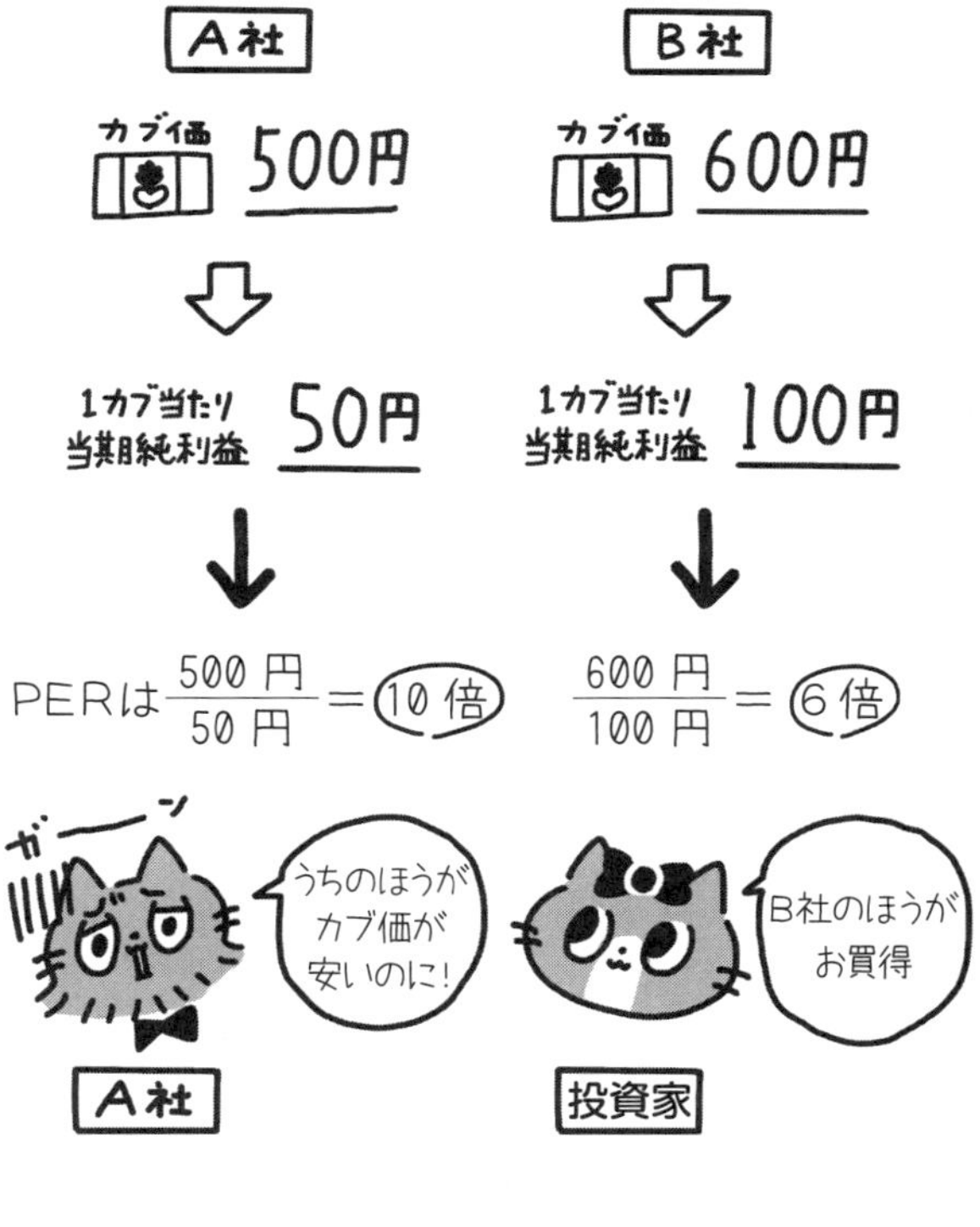

合面に市場平均値が掲載されていますので参考にしてみてください。
他にも個々の企業のＰＥＲの水準を判断する際のポイントはいくつかあります。

①成長産業に属する企業かどうか
②同業他社のＰＥＲと比べてどうか
③業界内での勝ち組か負け組か
④有利子負債が多いなどの企業リスクを抱えていないか
⑤過去のＰＥＲの水準と比べてどうか

成長を続けている業種に属している会社と、成熟しているといわれる業種の会社を比較しても意味がありません。成長産業に属する企業は株式市場でも評価が高く、将来の成長期待分が株価に織り込まれるため、見た目のＰＥＲは高くなりがちで、ＰＥＲが高いからといって割高とはいいきれません（①）。したがって、同じ業種に位置する会社のＰＥＲ水準を参考にして判断します（②）。

また、同じ業界内でも相対的に高い成長が期待できる会社については、同業他社よりも将来の成長期待分が株価に加わるため、ＰＥＲの数字は高くなる傾向があります（③）。

逆に、有利子負債が多いなど企業リスクの高い会社は、見た目のＰＥＲが低くなります。リスク分が株価に対するマイナス要因として作用するためです（④）。

さらに、過去のＰＥＲの水準も、割高か割安かを判断する一つの手掛かりとなります。例えば、現在の業績がいいのに、過去の平均（10年程度）と比較してＰＥＲが低かったら、割安と判断できます。一方、業績は確かにいいけれど、過去の業績加速局面やピークの利益を出していたときよりも、ＰＥＲが高い水準にあったら、割高になってきたのではないかと疑ったほうがいいかもしれません（⑤）。

このように、ＰＥＲの水準は様々な角度から評価されることから、その企業の株価が割安かどうかの判断に迷う場合もあります。その場合は、専門家であるアナリストの意見などを参考にするとよいでしょう。

4 PBR《ピービーアール》（株価純資産倍率）――株価が割安かどうかを判断する（2）

通常、会社は将来も存続する前提で考えられており、「解散するかもしれない」と思う企業に投資する人はいないでしょう。しかし、株価の水準を判断するにあたって、仮にその会社を解散した場合にどれくらいの価値なのかという観点を用いる方法があります。

ある時点で会社を解散して資産を売り払い、その代金で借入金などの負債を全部返済した後に残るのが、純資産です。会社を解散するときの価値である純資産額を発行済株式数で割って、1株当たり純資産を計算します。これを株価と比較して、株価が割安かどうかを判断する指標が**PBR**（Price Book-value Ratio）です。

PBRは、株価を帳簿価格による1株当たりの純資産で割って、何倍まで買われているかを見ることから、**株価純資産倍率**とも呼ばれます。PBRは、利益を基準にして割安かどうかを判断するPERと異なり、赤字企業の株価を評価できるという特徴があります。

PBRは、貸借対照表（B／S）上に出てくる純資産を1株当たりに換算して株価と比

PBRが1倍を切る企業の評価は慎重に

$$\text{PBR(株価純資産倍率)(倍)} = \frac{\text{株価}}{\text{1株当たり純資産}}$$

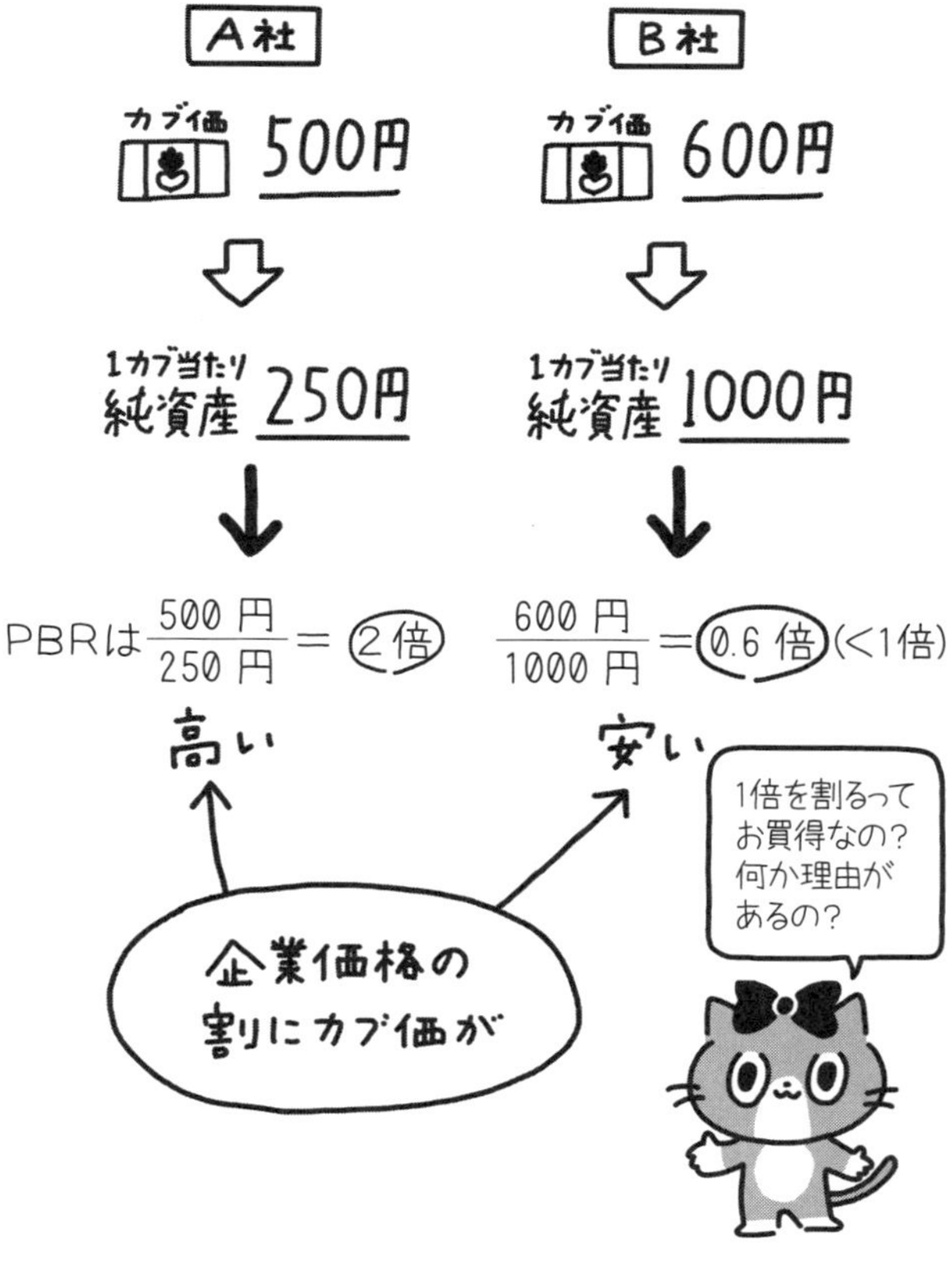

較したものであるため、B／Sが企業実態を表していることが前提となります。ところが、会社には形や金銭で表せず、B／S上に表れてこない価値があります。ブランド力、営業力、製品開発力などです。これらの価値も考慮すると、株価は少なくともB／Sで把握されている解散価値以上あってしかるべきです。つまり、PBRは1倍以上で評価されるのが妥当で、PBR1倍の株価はあってしかるべき最低水準の目安とされます。

それではPBRが1倍割れなら割安かというと、必ずしもそうとはいえません。市場が評価するにはそれなりの理由があることも事実です。PBRが1倍を割っても株価が下げ止まる気配がないときは、何か理由があるのではないかと疑ってみましょう。

一方、特段の悪材料がない場合でもPBRが1倍を割っているケースがあることも事実です。実際、2018年12月で見ると、東証1部の約半数にあたる約1000社もの企業のPBRが、1倍を割っていました。

企業のPBRを分解すると、PBR＝PER×ROE（自己資本当期純利益率）となります。したがって、PERを一定とした場合、ROEが低い企業はPBRの水準が低くなるという関係があります。市場が低い収益性（ROE）の企業に対して不満をもち、株価面で厳しい評価をした結果、PBRが1倍割れとなっている可能性があります。

5 配当《はいとう》、配当性向《はいとうせいこう》——株主還元の姿勢も株価を左右(1)

株式投資から得られる収益には、**キャピタルゲイン**(株式の値上がり益)と**インカムゲイン**(配当収益)の二つがあります。

株式投資というと、一般的には業績の変化や企業の成長性を判断して株式を購入し、キャピタルゲインを得ようとするものだというイメージが強いでしょう。ここまで説明してきたのも、企業の業績や成長性を判断するための指標です。

しかし、現状のような「マイナス金利時代」においては、インカムゲインも株式投資の大きな魅力になります。短期でキャピタルゲインの成果を上げようとすればするほど、利益を上げられるかどうかは投資や売却のタイミングに左右されがちです。「安い時に買って、高い時に売る」ことが鉄則ですが、これは「言うは易く行うは難し」でしょう。

ところが、インカムゲインに着目すると違った景色が見えてきます。高配当利回り銘柄に投資し、配当収入を得ながらじっくり保有すると、意外と大きな成果を得られる可能性

株式を持っていると配当をもらえる場合もある

$$配当利回り(\%)=\frac{1株当たりの配当額}{株価}\times 100$$

$$配当性向(\%)=\frac{配当総額}{当期純利益}\times 100$$

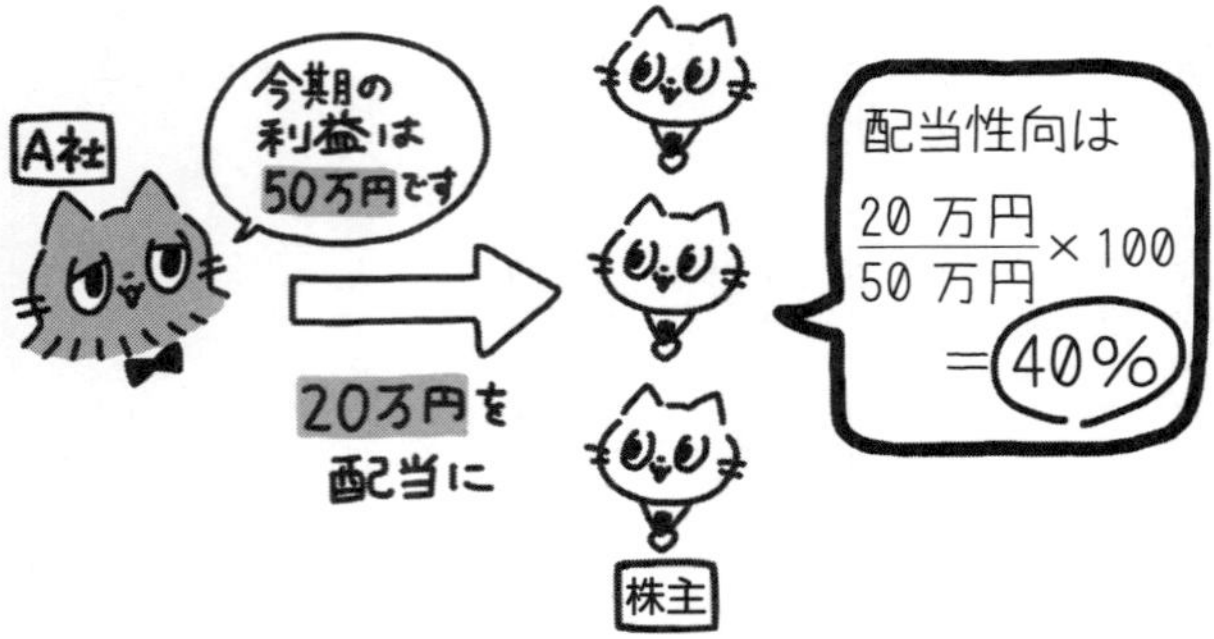

があります。

配当とは、企業が事業活動で稼いだ利益を、出資者である株主に現金で支払うものです。通常、「1株当たり〇〇円」といった形で表されます。

1株当たり配当が5円のA社株式を100株保有していたら、500円もらえるという計算になります。A社の株価が現在500円だったとすると、1年間の利回り（これを「配当利回り」といいます）は、5円÷500円×100＝1％となります。

配当の金額は株主総会で決めるのが基本ですが、一定の規則のもと、取締役会でも決めることができます。利益のうち、将来の成長のために残す分（内部留保）と配当で株主に支払う分とのバランスが経営判断上、必要です。

配当は本決算後と中間決算後の年2回支払うのが一般的ですが、四半期ごとに払う企業もあります。配当の種類も普通配当のほか、創業から10年、100年といった記念に一時的に払い出す記念配当などがあります。業績が大幅に悪化した場合など、配当が減少する可能性はありますが、株主還元を重視する流れのなかで、増やしていく傾向が強まっていると考えられます。

企業が通常の営業活動を行った後、手元に残ったお金を何に使ったのかという「利益の使い道」も、株式市場では重視されるものです。実際に増配（配当を増やす）や、次に紹介する自社株買いといった手段で株主に対する配分を強化している企業の株価は、上昇しやすいという傾向があります。

どれくらい株主への配分を強化しているのかを示す数字の一つが、**配当性向**です。配当性向は、1株当たり配当金に発行済み株式数をかけた配当金総額を、当期純利益で割って求めます。企業が1年間で得た儲けである当期純利益のなかから、株主に配当金がどの程度支払われているかを示す比率であり、投資家に対して利益をどれだけ配分したのかを見る目安になります。

日本企業はこれまで安定配当の意識が強いといわれていましたが、株主重視の流れから、配当性向を高めようと意識するようになってきています。ただ、日本企業の配当性向は約3割と、世界企業の平均（2018年度で約45%）より低く、資金のさらなる有効活用が課題になっています。

6 自社株買《じしゃかぶが》い、総還元性向《そうかんげんせいこう》――株主還元の姿勢も株価を左右(2)

配当以外にも、企業は**自社株買い**という形で株主に利益を配分することがあります。ある企業が市場で自社の株式を買い上げる自社株買いを行うと、流通する株式数が減少します。自社の株式を買うので需要が増える一方、既に株式を持っている人の売りたいという供給圧力が減少するので、需給が改善し、株価を高めるという効果があります。

また、自社の株式を買うことによって自己資本が減少するため、ROE(1章7)の計算式(=当期純利益÷自己資本)の分母が減少します。つまり、今までよりも少ない自己資本で、「どれだけ効率的に利益を上げるか」を示す指標であるROEを高めることができます。

さらに、企業自体が「自社の株価が割安だ」と考えているというメッセージを市場に訴える効果もあるのです。

実際、自社株買いなどの動きを見せている企業の株価は上昇する傾向が強く、株主に報

$$\text{総還元性向(\%)} = \frac{\text{配当総額} + \text{自社株買い総額}}{\text{当期純利益}} \times 100$$

いる姿勢は投資家の間で歓迎されているといえます。

自社株買いと配当の総額を純利益で割った**総還元性向**も、株主還元の度合いを測る経営指標として注目されています。

このように、株主重視の姿勢が株価を評価する基準として脚光を浴びていることは確かですが、ただ配当を増やしたり、自社株買いを行ったりすればいいというものではありません。株主を意識し、資本を効率よく使いながら、今後いかに事業を拡大していくかという企業の意識改革の進展を、株式市場は見定めているといえます。

7　株主優待《かぶぬしゆうたい》――株式投資の魅力の一つ

個人では、**株主優待**を目的とした投資を行う人も多いようです。

株主優待とは、企業が投資家に株式を長期で保有してもらうため、半年や一年に一度、株主に対して自社製品、優待券、金券、地方の特産品などを配る制度のことです。その内容は企業により様々であり、食品会社の場合は自社製品の詰め合わせ、外食産業は割引券、鉄道会社は乗車券といったものが多いようです。

現在、日本では上場企業の約4割にあたる1500超もの会社が、株主優待を実施しています。個人投資家に安定的に株式を持ち続けてほしいと希望する企業が増えていることから、最近では株式を長く保有するほどより優遇する仕組みが増えるなど、優待の充実が進んでいます。

注意したい点は、株式を購入するときの株数です。多くの企業は最少売買単位である1単元（100株）を購入すれば優待を受けることができますが、1単元では優待対象にな株主優待でさらにお得！

らない銘柄もあります。この点は配当と異なります。

一方、**権利付き最終売買日**に一定以上の株数を保有していなければならないという点は配当と同じです。権利が確定する日の2営業日前（2019年7月16日から株式の取引ルールが変更）までに株式を買っておく必要があります。

また配当同様、株主優待も企業の経営状況などに左右されます。業績が良好であれば、より充実した内容になることもあります。しかし、逆に悪化すれば株主への利益配分方針の変更で優待の品目数や金額が減ったり、廃止されたりする可能性もあるのです。

第5章
経済を知るための指標

1　株価は景気や政治の影響も受ける

株価は株式市場を通じて、企業に対する投資家の評価が反映されたものです。評価の最大の判断材料は企業業績です。その企業業績に大きな影響を与える要因として、景気や為替《かわせ》、政治動向、個々の企業のニュースなどが挙げられます。具体的に見てみましょう。

景気がいい状況では、モノやサービスがよく売れます。つまり、企業の売上が伸びていくので、利益も拡大します。企業が儲かることで、従業員の給与が増え、いろいろなモノを買ったり、旅行にいったりと消費が拡大していきます。消費が拡大すると、企業の売上がさらに伸びる、という好循環が生じます。このように、景気が良くなると企業業績も良くなり、それが投資家から評価されて、多くの企業の株価が上がっていきます。

なかでも、景気の動きと株価が連動しやすい企業は、**景気敏感株**と呼ばれます。鉄鋼や化学などの素材メーカーや機械メーカーなどがその代表例です。こうした企業の株価の先行きを見る際には、輸出が増えてきた、在庫が減り始めた、消費者のマインドが良くなっ

景気に業績が左右されやすい
企業かどうかで株価の動きが異なる

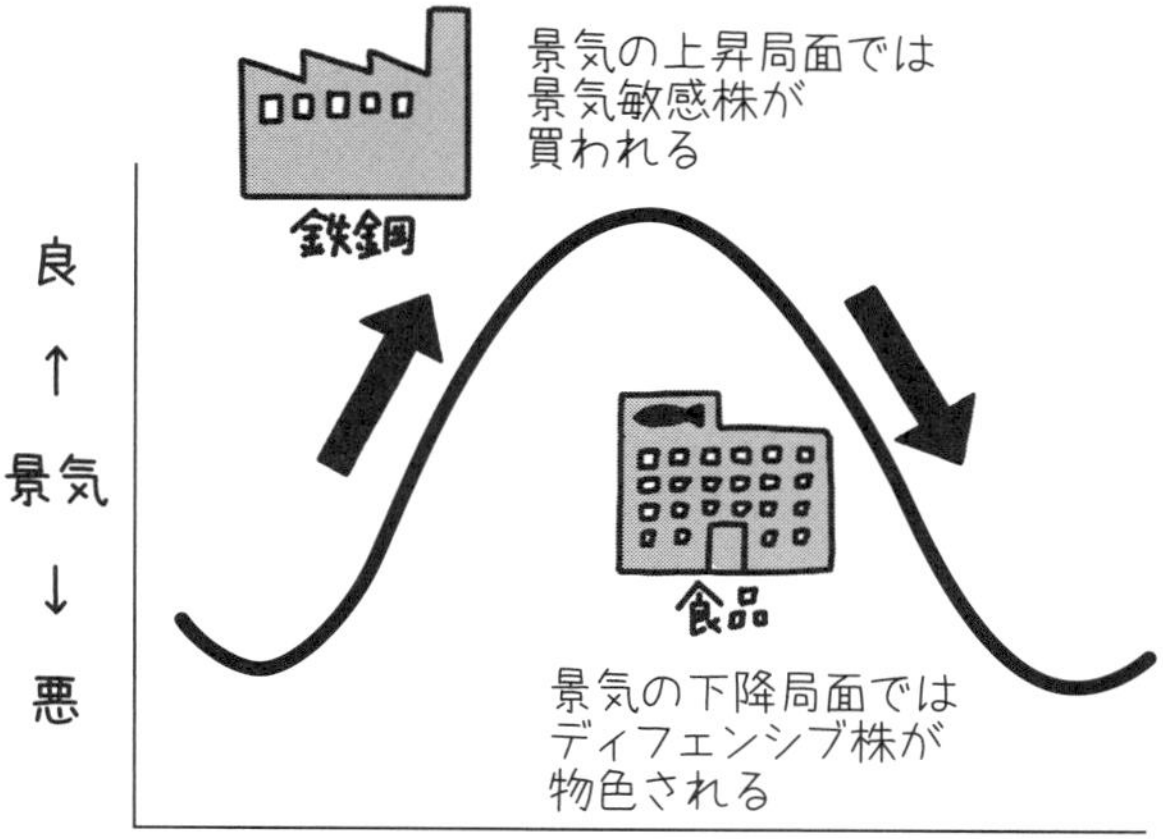

てきた、といった経済の動きや変化は見逃さないようにしたいものです。

一方、景気に関係ないモノやサービスを売っている企業もあり、株式市場では**ディフェンシブ株**と呼ばれます。いつでも一定の需要がある食品メーカー、製薬メーカーや化粧品・トイレタリーメーカーなどが代表例です。

これらの企業は、景気が良いときは、全体の良さにまぎれて目立たなくなってしまいますが、景気が悪いときには脚光を浴びやすいという傾向があります。企業業績の判断材料としては、経済指標というより、むしろ新製品やヒット商品が出たといった個別のニュースの動向などに目配りしておくといいかもしれません。

為替動向も重要です。為替が大きく動くとニュースで大騒ぎするのは、企業業績に大きな影響を与えるからです。日本企業は目下、為替変動リスクを抑える、あるいは生産コストを下げるといった目的で海外での生産比率を高めていますが、依然として海外への輸出も多いのが現状です。ですから、日本の企業全体でとらえると、円安のほうがメリットを受けます。したがって、為替が円安に動いた場合、輸出企業の業績が良くなるとの思惑から、株価が上昇しやすいという傾向があります。

ただ、円安になるということは、日本（円）の価値が下がり、資金が日本から海外に出ていることを意味します。また、海外から輸入するときの購買力の低下も意味します。一般的に円安に動いたほうが株式市場にはプラスとみられていますが、必ずしもそうでない場合もあるということは知っておきましょう。

政治動向が重要ということは言うまでもありません。米中の貿易摩擦問題が端的な例です。米中の政治的な対立が、関税の引き上げなどを通じて米中間の貿易を滞らせるのではないかという懸念があります。これにより世界の景気が悪化し、ひいては企業業績が悪化するのではないかと、株式市場では大きな関心事となっているのです。

グローバル化が進んだ現在、こうした大国の動きはもちろん、それ以外の個々の国の対立が、意外な形で世界経済に影響するということがありますので、世界の政治情勢に対する目配りも大切です。

2　経済指標は気象情報のように身近なもの

景気や為替の値動きといった経済の動向を知りたい場合は、テレビやインターネット、新聞や雑誌などから様々な情報を得ることができます。日々の私たちの生活を取り巻くすべてのものが経済、あるいは経済にかかわる事象であるからこそ、これだけたくさんの情報があふれているといえます。今日は曇りだったけれど、明日の天気はどうなんだろう、今年は猛暑なのかな、といった気象情報と同じく、身近なものなのです。ただ、気象情報を理解するためには、等圧線、低気圧、高気圧といった基本的な用語を知っておかなければなりません。そうしないと、天気図を見てもピンとこないでしょう。

経済も同じです。経済指標や経済用語を知っておかないと、なんとなく良い（悪い）ということはわかるけれど、なにがどうなって良い（悪い）のかわからないため、先行きの予想ができないという事態になってしまいます。

そこで、経済指標、及びそれに関連して知っておくべき用語をここでは取り上げます。

景気
為替
カラ…
株価チャート
政治

経済指標は、その時々の経済状況がわかるだけでなく、経済の先行きを探る手掛かりになります。各指標が発表されると、短期的に株式市場や為替市場などが反応することはよくあります。また、中長期的なファンダメンタルズの判断材料となるので、株式市場や為替市場の見通しを立てるうえでも重要です。

3　アメリカの雇用――世界の景気はこれからどうなるのか

景気の動向を判断する際に、もっとも重要視される指標が**雇用**に関する統計だと言っても過言ではありません。失業者があふれている状況はどう見ても景気が悪いですし、人手が足りない状況は景気が良いと判断できるためです。なかでも、アメリカの雇用にかかわる指標は、日本はもちろん世界中の市場関係者が注目している指標といえるでしょう。

◇米国雇用統計

世界最大の経済大国であるアメリカの雇用統計は、米国経済の行方だけでなく、世界経済にも影響することから、株式市場に大きな影響を与える指標として、各国の市場関係者が高い関心を寄せる統計です。注目される具体的な理由として、次の2点が挙げられます。

・アメリカは経済環境の変化が雇用者数の増減に反映される傾向が強い。
・金融政策に影響を与える。

雇用と景気は表裏一体

以下、同じことがつづく

米国雇用統計は、米労働省労働統計局が毎月第1金曜日に前月の雇用情勢に関して公表する統計です。ニューヨーク現地時間で午前8時30分、日本では、夏時間で21時30分、冬時間で22時30分に発表されます。

将来のアメリカの金融政策の変化等を予測する手掛かりとなるため、米国雇用統計は重要視されています。雇用統計の数字が良ければ、米国経済は好調だと判断されます。それだけでなく、日本への影響はまた別の形で表れる可能性があります。

雇用統計が良好な状態が続くと、景気の過熱によるインフレ（物価の上昇）に対する警戒感が高まってくるため、中央銀行であるＦＲＢ（本章5）は利上げを意識するようになります。これ自体は米国経済にブレーキをかける方向に働きますが、アメリカの金融政策が引き締め（利上げ）に動くかもしれないと投資家が予想すると、円で運用するよりも金利の高い（あるいは高くなりそうな）ドルで運用したほうが有利になると考え、為替市場（ドル円相場）ではドルが買われ（円が売られ）、対ドルで円安方向に向かいやすくなります。

このように、アメリカの雇用環境が良好という結果は、米国経済の底堅さのみならず円安方向を示唆するため、海外でビジネスを展開したり、輸出をしたりしている日本企業の業績にとってプラスに働き、日本の株式市場にも好影響を与えます。

しかし、雇用統計が悪い、あるいは期待していたほどよくなかったと市場参加者がとらえると、米国経済が悪くなってきたのではないかという不安感が台頭し、アメリカのみならず、世界の株式市場が下落することとなります。加えて、リスク回避ムードの高まりにより、通貨のなかで相対的に安全だとされる円が買われやすくなり、為替市場では円高が進展するといった影響が考えられます。

したがって、FRB関係者だけでなく、市場関係者からも、相場の先行きを判断する手掛かりとして、アメリカの雇用統計に高い関心が寄せられているのです。

◇非農業部門雇用者数（米国雇用統計内）

米国雇用統計のなかでも、とくに注目される項目は「非農業部門雇用者数」です。農業部門は天候要因などの影響による変動が大きいことから、実際の雇用情勢を見る際には農業部門の労働従事者を除いて判断します。この数字が前月と比べてどれだけ増減したかが、景気が良くなっているのかどうかを知る手掛かりとされます。雇用環境が良好で景気もいいと判断される目安は、15万人程度の増加といわれています。

雇用統計は毎月12日を含む1週間が調査期間（雇用統計調査週）であり、非農業部門雇用者数では、農業部門を除く業種で給与を受け取る人が前月と比べてどれだけ増えたのかが示されます。農業部門を除く事業所を対象とした事業所調査をベースにしたもので、60万超の事業所に相当する、約15万の企業および政府機関に対する調査であることから、サンプル数が多く、信頼性が高いといわれています。しかし、発表時に過去2カ月分がさかのぼって修正され、その修正幅が大きくなることもある点は注意しておきましょう。

◇失業率（米国雇用統計内）

米国雇用統計のなかで、非農業部門雇用者数と並んで注目される項目が「失業率」です。失業率は、毎月、約6万世帯に対する家計調査に基づいて算出されます。調査対象は16歳以上で、軍人は対象外です。年齢別・性別・人種別など、多くのカテゴリーに分類されています。

調査は毎月12日を含む週（雇用統計調査週）に行い、賃金が支払われた人、自営業者として働いた人、家業や農業に従事し、15時間以上働いた人を就業者に分類します。失業者とは、雇用統計調査週に仕事をもっていないが働くことが可能で、過去4週間に仕事を探す努力をした人を指し、失業保険を受給しているかどうかとは無関係です。

就業者と失業者の合計が労働力人口（＝就業者＋失業者）です。失業率（＝失業者÷労働力人口）とは、失業者を労働力人口で割った数値です。なお、16歳以上の人口のうち労働力人口が占める割合を労働参加率（＝労働力人口÷16歳以上の人口）といいます。

◇平均時給（米国雇用統計内）

米国雇用統計では、インフレ指標として参考にされる「平均時給」も開示されています。平均時給は事業所を対象とした事業所調査による統計であり、賃金インフレの指標とされます。一般的には、賃金が上昇して、賃金を得ている人達の所得が増えれば、モノやサービスを購入したりして、個人消費が活発になるといわれています。一方、賃金が上昇して需要が増加すれば、モノやサービスの値段が上昇します。インフレが過度に進むと景気を悪化させるため、インフレの進展度合いを把握することは重要です。したがって、平均時給は注目度の高い指標といえます。

◇民間版雇用統計（ADP社発表の米国雇用統計）

米労働省が発表する米国雇用統計の動向を事前に推測する手掛かりとなるデータが、人材サービス最大手のADP（Automatic Data Processing）社の公表する雇用統計で、民間版雇用統計ともいわれます。通常、米労働省が毎月公表する雇用統計の2日前に発表されます。ADP社が取り扱う約50万社の給与支払名簿に基づき、雇用統計の事業所調査と同様の統計処理を行って、非農業部門の雇用者数を推計しています。ただし、実際の雇用統計とずれることもありますので注意が必要です。

◇米国週間新規失業保険申請件数

米国週間新規失業保険申請件数は、米労働省が翌週木曜日に前週分の数値を公表しているもので、アメリカの雇用情勢をいち早く知るのに適した統計です。同統計は、米労働省が翌月第1金曜日に公表する雇用統計の非農業部門雇用者数や失業率の動向に約2～3カ月先行する傾向があります。なお、同統計における申請件数が40万件を上回れば、非農業部門雇用者数が減少する目安とされます。

新規失業保険申請件数を見る際、祭日や天候などによってデータが変動しやすい週次のデータは振幅が大きいため、4週移動平均などのデータを利用してトレンドを把握する必要がある、という点は知っておきましょう。

4 日本の雇用——日本の景気はこれからどうなるのか

雇用に関する統計は、日本でも景気動向を判断する指標として重視されています。有効求人倍率、失業率といった言葉は、普段ニュースなどで耳にしたことがあるのではないでしょうか。

ただ、足元は少子高齢化による人手不足が深刻なため、雇用情勢で経済動向を把握するというよりは、労働市場の逼迫感《ひっぱくかん》をとらえる指標といった色彩が強いようです。実際、2019年時点では有効求人倍率は1を超え、完全失業率は3％を下回る数値が発表されています。

◇有効求人倍率

有効求人倍率は、全国のハローワーク（公共職業安定所）に申し込まれている有効求職数に対する有効求人数の割合、すなわち、求職者1人当たりの求人数の割合を示していま

1倍を超える有効求人倍率は人手不足を表す

$$\text{有効求人倍率は}\ \frac{1+1+3\text{匹}}{4\text{匹}} = 1.25\text{倍}\ (>1\text{倍})$$

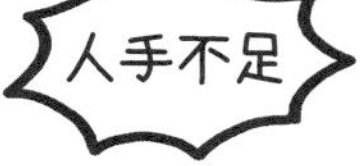

す。同倍率は厚生労働省から翌月末に公表されます。

有効求人倍率の「有効」とは、ハローワークに当月に新規に申し込まれた件数と前月から繰り越された件数の合計を意味します。通常、求人から雇用までの流れは、企業が求人して雇用する（労働者が求職して、就職する）という順序をたどります。したがって、有効求人倍率は失業率や雇用者数の変動に先行する傾向があります。

一般的に雇用環境の指標である有効求人倍率は、企業業績の見通しに左右されます。先行きの業績に対する不透明感が増せば、企業は採用を抑え、業績拡大に自信をもつと雇用を拡大させる傾向があるためです。

なお、有効求人倍率が1倍を上回れば、求人数が求職数を上回り、人手不足の状態であることを示します。

◇完全失業率

日本における完全失業率は、国内で仕事についているかどうかの状況を明らかにすることを目的として作成されている、労働力調査のなかの統計です。調査期間は月末の1週間（土日を含む）で、総務省から当該月の翌月末に速報値が公表されます。なお、確報値は翌々月末、年報（確報値）は翌年3月に公表されます。

翌月第1金曜日に公表されるアメリカの失業率（雇用統計）と比べると、速報性で劣りますが、日銀による金融政策の判断材料として注目される経済指標です。

完全失業率は失業の面から見た統計である一方、先ほど説明した有効求人倍率は雇用の面から見た統計であるため、両者は表裏一体の関係にあるといえます。つまり、完全失業率と有効求人倍率の動向は逆の動きをとります。

5 金融政策――世界のお金の動きはどうなるのか

金融政策とは、物価や金融システムの安定のために、金融市場を通じて資金の量や金利に影響を及ぼし、通貨および金融の調節を行うことです。景気に影響を与えるのはもちろんのこと、株式市場や為替市場など金融市場に大きな影響を与えることから、各国の金融政策の動向からは目が離せません。ここでは、金融政策に関するニュースを理解するために役立つ言葉を解説します。

◇FRB（連邦準備制度理事会）

アメリカの中央銀行の最高意思決定機関がFRB（Federal Reserve Board：連邦準備制度理事会）ですが、通常この言葉は中央銀行そのもの（日本銀行に相当）を指します。なお、アメリカの中央銀行制度を総称して連邦準備制度（Federal Reserve System：Fed）といいます。

◇ＦＯＭＣ（連邦公開市場委員会）

アメリカの金融政策を決める最高意思決定機関は、ＦＯＭＣ（Federal Open Market Committee：連邦公開市場委員会）です。日本でいえば、日本銀行の政策委員会に相当します。失業率やインフレ率といった景気指標をもとに経済情勢を議論し、通貨供給量や政策金利であるフェデラルファンド（ＦＦ）金利の誘導目標を決めるなど、金融政策のかじ取りを行います。

ＦＯＭＣで投票権をもつのは最大12人で、ＦＲＢ議長、副議長を含む理事7人とニューヨーク連邦準備銀行、4人の地区連邦準備銀行総裁です。この4人はニューヨーク以外の地区連銀総裁が毎年持ち回りで担当します。多数決による決定を原則とします。

ＦＯＭＣは年8回、約6週間ごとにワシントンのＦＲＢ本部で定例会議を開催するほか、緊急時などに随時開催されます。毎定例会合終了後に、ＦＯＭＣにおける政策の決定を声明文として発表します。また、定例会合の2回に1回は、ＦＯＭＣ参加者の経済見通しを発表し、議長が記者会見を行います。なお、政策決定日の3週間後には議事録が公開され、議論の詳細や公式見解が明らかにされます。アメリカの金融政策の動向を探る手がかりとなるため、市場関係者の注目は高いといえるでしょう。

実際、ここで決定した内容が事前予想と異なると、株式・為替市場は大きく変動します。FOMC後に発表される声明文なども、今後の金融政策の方向性を読み取れることが多いため、市場では注目されています。

なお、FOMCは金融政策を決めるうえで雇用情勢に関する経済指標を重視しますが、これはFRBが「物価の安定」に加えて「雇用の最大化」に責任を負っているためです。

◇日本銀行（日本）
日本の中央銀行として、①お札を発行する、②通貨及び金融の調節を行う、③銀行その他の金融機関の間で行われる資金決済の円滑の確保を図る、といったことを通じて、物価を安定させ、金融システムを守るといった役割を果たしています。

◇金融政策決定会合（日本）
金融政策の運営方針は、日銀の最高意思決定機関である政策委員会の金融政策決定会合で決定されます。

当会合は総裁1人、副総裁2人、審議委員6人の計9人で構成され、経済情勢を分析して金融政策の方針を多数決で決定します。日銀はその決定に従って金融政策を遂行します。金融政策決定会合後には総裁が記者会見を開きます。総裁の発言は市場の注目度が高く、言葉の選び方一つで株式市場や為替市場(円相場)が動くこともあります。

◇ECB(欧州中央銀行)

ユーロ圏の金融政策を担う中央銀行が、ECB(European Central Bank)です。欧州中央銀行法を根拠法として1998年6月1日に設立されました。

ECBの金融政策を決定する最高意思決定機関がECB理事会で、首脳6人(総裁と副総裁、4人の専務理事)と各国中央銀行総裁で構成され、6週間に1度議論して意思決定します。各国中銀はこの政策を基に、国ごとの実務を行います。

2009年10月に、ギリシャの政権交代を契機に起こった欧州債務危機問題では、ECBが危機沈静化に向けて大きな役割を果たしました。世界経済、金融市場に大きな影響を与えることから、ECBの動きは株式・為替マーケットを見るうえで見逃せません。

◇マネタリーベース（日本）

日銀が金融機関を通じて市場に流すお金の量のことです。具体的には世の中に出回っている現金（銀行券と硬貨）と、民間金融機関が日銀に持っている預金口座（当座預金）の残高の合計で、資金供給量ともいいます。

日銀が2013年4月の金融政策決定会合で新たに導入した「量的・質的金融緩和」いわゆる「異次元の金融緩和」では、デフレ脱却に向け、お金の量を大胆に増やす方針に転換しました。これまで以上に世の中に出回るお金の量を増やすことによって、企業や個人にとってさらにお金が借りやすくなり、投資や消費が活発になることを意図しています。また、株式市場にお金が入ってきて株価が上がれば、心理的にも明るくなるという効果があります。

そのお金の量を測る指標となるのがマネタリーベースです。日銀は長期国債の大量購入やETF（上場投資信託）、REIT（不動産投資信託）というリスク性資産の買入を増やし、マネタリーベースの拡大に踏み込みました。国債、ETF、REIT市場の日銀依存がさらに強まり、これらのマーケットに大きな影響を与えるという点でも、注視する必要があります。

マネタリーベースとは
世の中にあるお金の量のこと

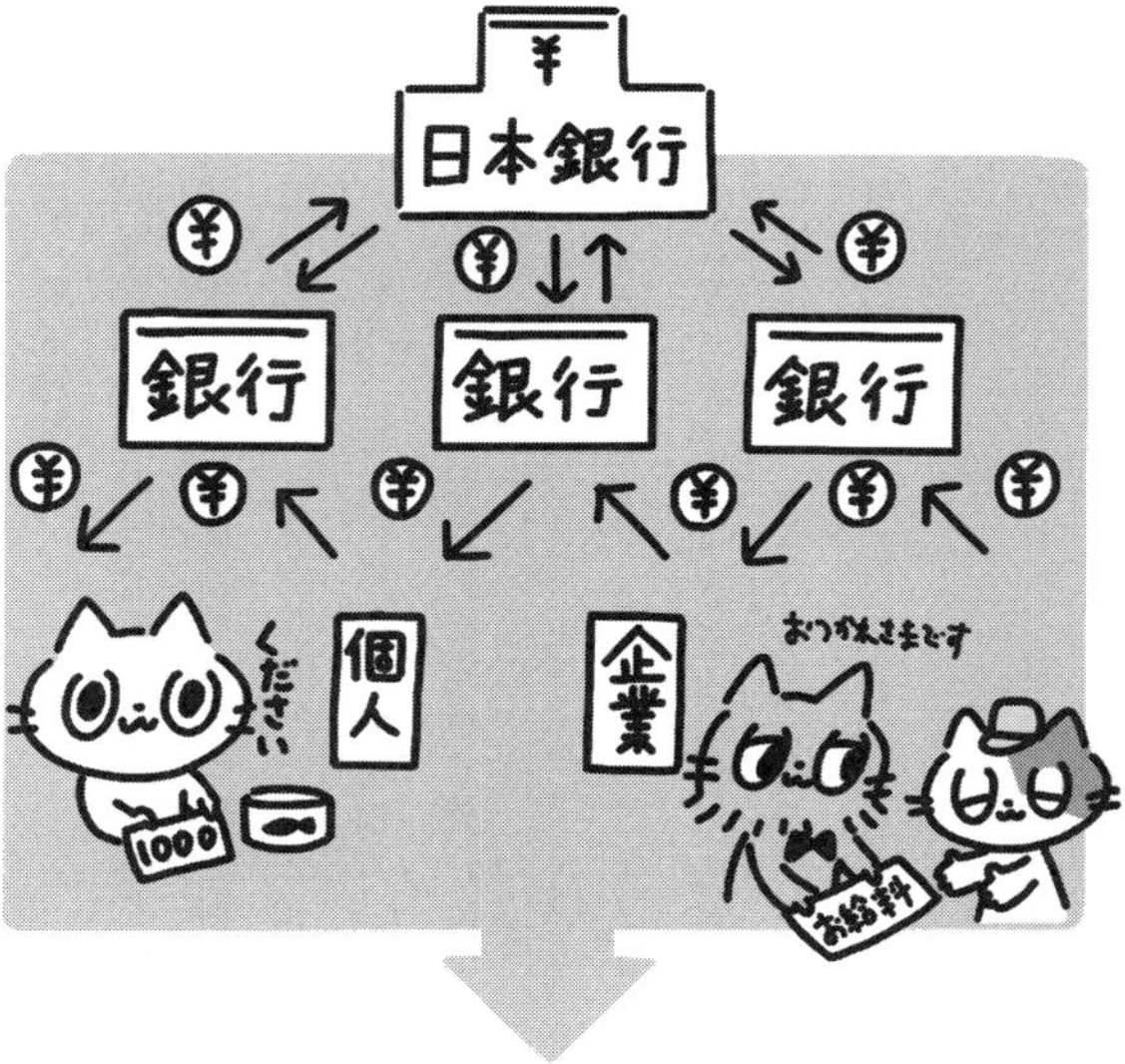

マネタリーベース
＝
日銀にある民間銀行の預金
＋
世の中に出回っているお金

◇QE（Quantitative Easing：量的緩和）

量的緩和とは、すでに超低金利政策を実施し、政策金利を引き下げる余地がない場合に導入される金融緩和策です。中央銀行は通常、景気刺激を目的として金融政策を行う場合、政策金利を引き下げて金融市場に出回る現金を増やそうとします。しかし、政策金利がゼロ近辺まで下がってしまった場合、金利の引き下げでこれ以上お金の量を増やすことができないので、中央銀行が国債などを目標数値に向けて買い続けることによって、市場に供給するお金の量を増やすことを指します。

米国FRBはリーマン・ショック後の2008年11月〜2010年6月に量的緩和第1弾（QE1）、2010年11月〜2011年6月に量的緩和第2弾（QE2）を実施。さらに、2012年9月〜2013年12月には月850億ドルのペースで住宅ローン担保証券や米長期国債を購入する量的緩和第3弾（QE3）を導入しました（買い入れ縮小後、終了したのは2014年10月）。

日本は、2001年から2006年にかけて実施したほか、2013年からは量的緩和の一つである「量的・質的金融緩和」を導入しています。

◇政策金利

中央銀行が、一般の銀行にお金を貸し出すときの金利です。景気を引き締めたいときには政策金利を引き上げて、貸し出しが減るように仕向けます。

日本では現在、度重なる利下げでこうした伝統的な金融政策が有効でなくなっていますが、中国、ブラジル、インド、ロシア、オーストラリアといった新興国、資源国などでは政策金利の変更は重要な金融政策となっています。

また、米連邦準備制度理事会（ＦＲＢ）は２０１５年12月に開いた米連邦公開市場委員会（ＦＯＭＣ）で、約９年半ぶりの利上げに踏み切るなど、底堅い米景気を反映して、金利引き上げに向けて動き出しました。

政策金利は各国中央銀行の景気見通しを反映して動き、景気に影響を与えることから、株式市場のみならず、為替市場などにも影響を及ぼすものだということを知っておきましょう。

6 景気動向——景気はどうなっているのか

ほかにも景気動向を把握するために使われるデータは数多くあります。そもそも景気が良い（悪い）、経済が伸びている、といったことは、どの経済指標を見て判断するのかについてご紹介します。

◇GDP（国内総生産）

ある国の一定期間（1年間）の経済のパフォーマンスを測定するもっとも重要な指標で、その国の経済規模や豊かさを示しているといえます。

GDP（Gross Domestic Product）は、ある一定期間（1年間）に国内で生産された付加価値の総額です。国内で生産された財やサービスが対象ですから、その国の国民や企業はもちろん、その国に住んでいる外国籍の人や、外国企業の経済活動も含まれます。例えば、日本企業がアメリカで生産した自動車はアメリカのGDPに含まれますが、米国企業がメキシコで生産した自動車はアメリカのGDPには含まれません。

なお、付加価値とは企業などの生産者が新たに生み出した価値のことです。生産者が生産活動によって作り出した生産額から、その生産者が生産活動のために用いた燃料費、原材料費などの中間生産物を差し引いて求められます。

例えば、個人が自宅でパンを焼くために、小麦粉をスーパーで買った場合、小麦粉は最終的に個人で消費されたので、この場合の小麦粉の生産はGDPに含まれます。しかし、パン屋さんがお店でパンを販売するために小麦粉を購入した場合、GDPに反映されるのはパンの生産であり、小麦粉は中間生産物としてGDPの計算からは除かれます。

日本のGDP統計は内閣府が作成しています。四半期ごとの速報値をその翌々月に、また前年度の各四半期および通期の確報値を12月中旬に公表しています。一方、アメリカのGDP統計は商務省が作成し、当該四半期終了後の翌月に発表され、速報性に優れています。

日米とも個人消費（日本では民間最終消費支出といいます）のウエイトが高い（日本：約6割、アメリカ：約7割）点が特徴です。つまり、個人消費の経済に与える影響は大きいといえます。そのほか、設備投資や住宅投資もGDPの主要な構成項目で、両者とも景気変動に敏感に反応し、四半期ごとの振れ幅が大きくなります。

◇名目GDPと実質GDP

GDPには、名目GDPと実質GDPの二つがあります。名目GDPは、物価変動の影響を考慮していないGDPを指し、実質GDPは物価変動の影響を取り除いたものです。通常、GDPの構成比などを見る際は名目値（名目GDP）を利用します。

具体的に見てみましょう。かなり極端な例ですが、ネコ缶だけを生産している国があったとします。この国では、去年、ネコ缶1個当たり100円で売っており、1万個生産したとします。すると去年のGDPは100円×1万個＝100万円となります。

そして今年はネコ缶の価格が110円と1割上がり、生産量は1万2000個と2割増加したとします。今年のGDPは110円×1万2000個＝132万円となります。これはネコ缶の価格上昇、すなわち物価の上昇分を含んだGDPなので、名目GDPといいます。

一方、今年のネコ缶の値上がり分を除くため、去年と同じ1個当たり100円で、1万2000個生産した場合のGDPを計算すると、100円×1万2000個＝120万円となります。これは物価上昇分（ここでのネコ缶の値上がり分）を除いたGDPなので、実

名目GDPと実質GDP

去年

GDPは 100 円 × 1 万個 ＝ 100 万円

今年

名目GDPは 110 円 × 1 万 2000 個 ＝ 132 万円

実質GDPは 100 円 × 1 万 2000 個 ＝ 120 万円

↑物価上昇の影響をとりのぞく

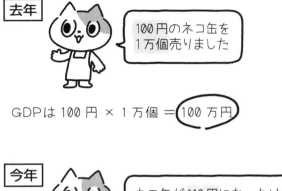

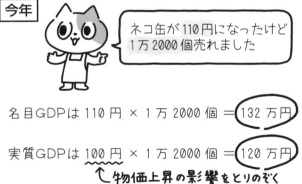

質GDPといいます。

◇1人当たりGDP

1人当たりGDPは、GDPの総額を人口で割って求めたもので、国民の生活水準を表します。一般的にはGDPが大きいほど、経済的に豊かであるといわれますが、GDPは人口の多寡の影響を受けるので、1人当たりGDPでとらえたほうが、国民の豊かさをより的確に示しているといえます。

国同士の1人当たりGDP比較をする際は名目値を使い、ある国の生活水準の変化を長期で見る場合は、人口の増減による影響を除いた1人当たり実質GDPを使います。

◇経済成長率（GDP成長率）

経済成長率とは、GDPが前期（前年や前四半期）に比べてどれだけ増減したのかを示すものです。一般的に、GDPの変化を見る際には物価の影響を除いた実質値（実質GDP）がよく利用されますが、人々が日常生活で直面する給料や企業の利益はすべて名目値のため、名目値（名目GDP）のほうが景気実感に近いといえます。

◇景気動向指数（日本）

日本経済の大きな方向性を見定める際に利用する指標の一つです。生産・雇用など様々な経済活動の重要かつ景気に敏感な指標の動きを統合することによって、数値の動きから景気変動の方向とテンポがわかります。内閣府が毎月上旬に前々月の速報値、下旬に改定値を公表します。

指数には、数カ月先の景気の見通しを示す先行指数、足元の景気の状況を表す一致指数、数カ月前の景気を示す遅行指数があります。例えば、景気の現状を示す一致指数は鉱工業生産指数や耐久消費財出荷指数、商業販売額、有効求人倍率など九つの指標から算出されます。

内閣府では、一致指数（3カ月移動平均などを用いる）が改善していると景気拡張の可能性が高く、悪化していると景気後退の可能性が高いといった形で定義しています。

◇ISM製造業・非製造業景気指数（アメリカ）

ISM（Institute for Supply Management：全米供給管理協会）は全米の製造業・非製造業

の企業に対してアンケート調査を行い、ＩＳＭ製造業景気指数、ＩＳＭ非製造業景気指数を作成しています。両指数は企業センチメント（景況感）を反映していることから、マーケットでの注目度が高い指標です。

ＩＳＭ製造業景気指数は翌月第1営業日に公表され、なかでも１９３１年から続く伝統的な総合指数であるＰＭＩ（Purchasing Manager's Index）が重要です。ＰＭＩは、新規受注・生産・雇用・入荷遅延比率・在庫の5項目について、現状と1カ月前とを比較して「良い」「同じ」「悪い」のなかから企業が選択した回答を集計し、「良い」－「悪い」で計算された指数を単純平均して算出されます。

これら5項目の指数を見ると、製造業の景況感をより詳しく把握することもできます。景気が良くなると考える人が多いほど指数は高くなり、悪くなると思う人が増えれば指数は下がります。判断の分かれ目は50で、指数が50を上回ると景気の方向性は上向き、割り込むと景気の方向性は下向きと判断されます。

一方、ＩＳＭ非製造業景気指数は翌月第3営業日に公表され、総合指数ＮＭＩ（Non-Manufacturing Index）が中核的な指標となっています。ＮＭＩは企業活動・新規受注・雇用・入荷遅延比率の4項目について、ＰＭＩと同様の方法で算出され、50を上回ると非製造業セクターの景気拡大を示唆しているとされます。

◇フィラデルフィア連銀製造業景気指数（アメリカ）

ＩＳＭ製造業景気指数と類似した指数で、フィラデルフィア連邦準備銀行が管轄地域であるフィラデルフィア地区（ペンシルベニア州、ニュージャージー州、デラウェア州）を対象として作成した製造業景気指数です。当月第３木曜日に公表されるため、ＩＳＭ製造業景気指数よりも速報性が高いことで知られています。

同指数は１カ月前と比較した現状と６カ月先の期待について、「良い」「同じ」「悪い」のなかから企業に選択させ、「良い」－「悪い」の回答比率の差で表されます。判断の分かれ目は０となっており、指数がプラスになれば景気の方向性は上向き、割り込むと景気の方向性は下向きと判断されます。

◇ニューヨーク連銀製造業景気指数（アメリカ）

ＩＳＭ製造業景気指数、フィラデルフィア連銀製造業景気指数と類似した指数に、ニューヨーク連銀製造業景気指数があります。ニューヨーク連銀製造業景気指数はニューヨーク州のみとなっています。フィラデルフィア連銀製造業景気指数よりも速報性が高く、当月15日前後に公表されます。

この指数も判断の分かれ目は0となっており、指数がプラスになれば景気の方向性は上向き、割り込むと景気の方向性は下向きと判断されます。

ニューヨーク連銀製造業景気指数は当月15日前後、フィラデルフィア連銀製造業景気指数は当月第3木曜日、ISM製造業景気指数は翌月第1営業日という順番で公表されるため、ニューヨーク連銀製造業景気指数でおおまかな方向性を予測、フィラデルフィア連銀製造業景気指数でコンセンサスを形成、ISM製造業景気指数で全米の数値確認、というように、時間軸に沿って製造業の景気指数の動向を把握することができます。

◇シカゴ購買部協会景気指数（アメリカ）

シカゴ購買部協会景気指数（以下、シカゴPMI）は、シカゴ購買部協会が毎月最終営業日に指数を公表しています。シカゴPMIはシカゴ購買部協会員を対象にアンケート調査を行い、算出されるもので、50を上回るかどうかが製造業の景況感の改善の目安です。

シカゴPMIの対象範囲はシカゴ地区に限定されている指数であり、ニューヨーク連銀製造業景気指数、フィラデルフィア連銀製造業景気指数、ISM製造業景気指数に比べて重要度は低いですが、ISM製造業景気指数に1営業日先行して公表されることから、先行指標として参考にされています。

◇OECD景気先行指数（世界）

OECD（Organisation for Economic Co-operation and Development：経済協力開発機構）とは36ヵ国からなる国際機関で、「世界最大のシンクタンク」でもあります。

OECD景気先行指数は加盟国を中心とする世界全体の景気の動きや転換点を把握するのに利用されます。日本の景気動向指数の先行指数に似た性格をもっています。

OECDは加盟国全体の景気先行指数を月次で公表しているほか、地域や国別の景気先行指数も公表しています。世界景気の転換点を探るヒントになる指標とされます。どのくらい先行するかは国によって異なりますが、鉱工業生産やGDPの動きに半年程度先行する傾向があります。

OECD景気先行指数は、過去の平均的な生産水準などを100として、これを上回って指数が伸びている場合は「拡大」局面、下落傾向だと「下降」局面となります。100

景気循環にはいろいろな波がある

	周期	原因
キチンの波	約40カ月	在庫の変動
ジュグラーの波	約10年	設備投資の変動
クズネッツの波	約20年	建築物の建替
コンドラチェフの波	約50年	技術革新

ジュグラーの波の場合

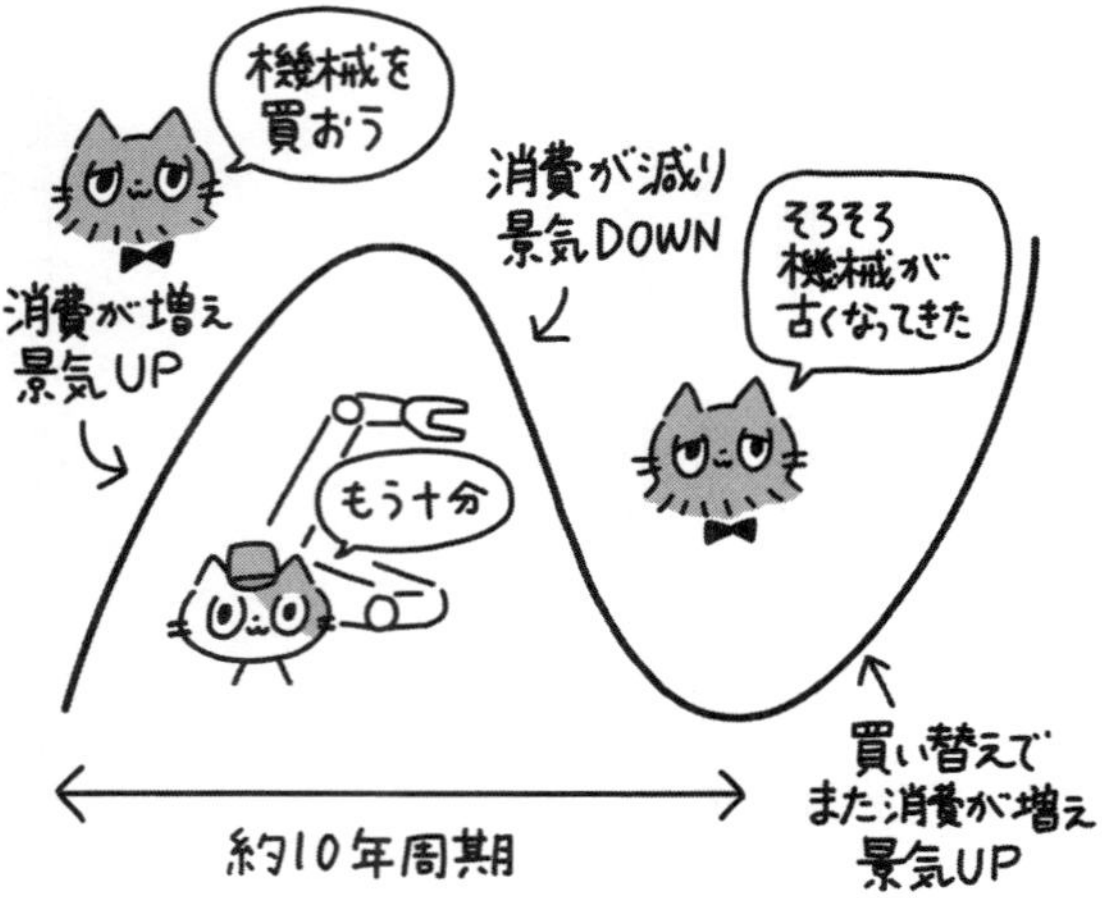

を下回った状態で下落傾向だと「後退」、上昇傾向では「回復」となります。拡大から下降に転換するタイミングが景気の「山」、後退から回復への転換時は「谷」といいます。

◇景気循環（世界）

資本主義経済においては、景気の拡大や後退が交互に繰り返されます。その循環的な動きを景気循環といいます。

景気循環の波の形はいくつかありますが、代表的なものにキチンの波、ジュグラーの波、クズネッツの波、コンドラチェフの波があります。

キチンの波とは、景気循環は企業の在庫変動によって生じるという考え方で、40カ月程度の短い周期で起こるという説です。これに対して、ジュグラーの波は、景気循環は企業の設備投資の変動によって生じるという考え方で、10年程度で生じるとされています。さらに周期の長いのがクズネッツの波で、景気循環は建築物の建て替えによって生じるとし、20年程度の周期で起こるとされています。周期の一番長いのがコンドラチェフの波で、景気循環は技術革新によって生じると考え、50年程度の周期で起こるとされています。

実際の景気循環はこれらの複数の波が複合的に重なり合って形成されると考えられます。

7 貿易――国内産業や雇用、政治への影響を知る

個人や国を問わず、経済水準の発展に伴って専門化が進むと、それぞれ得意分野のものを生産し、お互いに交換しようという動きが活発になります。このうち国家レベルでのもののやり取りが貿易であり、自国に豊富にあるものを輸出し、自国にないものや足りないもの、ほしいと思うものなどを輸入することによって、世界は豊かになってきました。

一方で、恒常的に輸出が多い国や輸入が多い国といった偏りが出たり、輸入品が入ってくることによって国内産業が衰退し、雇用などにも影響を与えたりすることもありますから、貿易に関する指標も見逃せません。

例えば、日本からアメリカへの自動車の輸出が増えると、米国企業の国内生産が減少し、アメリカの自動車工場で働く人達の雇用が奪われるといったケースが出てきます。これが政治問題化すると、日本からの輸入を制限する、日本から輸入する自動車に関税をかけるといった日米の政治問題に発展し、日本経済には大きなダメージになります。このため、

貿易黒字・赤字が大きすぎると国家間で摩擦が生じる可能性も

日本の自動車メーカーは輸出を増やすのではなく、アメリカに工場を作り、アメリカ人を雇って、アメリカで生産し、販売するといった対応をしています。

◇**米国貿易収支統計**

貿易収支統計とは、財の輸出入・収支に関する統計です。同統計には、①米商務省センサス局が通関統計に基づいて作成した通関ベース、②国際的な基準にあわせるため、通関ベースの統計を商務省経済分析局が修正した国際収支ベース、の2種類があり、両局が共同で発表しています。一般に報道される貿易収支・輸出入のデータは国際収支ベースの財・サービスの季節調整値であり、相手国別のデータなどは通関ベースで公表されます。

アメリカは恒常的な貿易赤字体質であり、貿易赤字額が膨らむと対象となる国や地域を問題視し、政治問題に発展することがあります。これが世界経済にも影響することから、米国貿易収支統計は重要視されています。

◇**貿易統計（日本）**

貿易統計は「通関統計」とも呼ばれ、日本の輸出入について国境通過ベースで国別・商品別の貿易動向を記録したものです。国際収支統計において「貿易収支」の基礎データとなっています。

国の輸出額よりも輸入額が多い場合、輸出から輸入を差し引いて計算する貿易収支は赤字となります。日本の場合、対米では貿易黒字、アメリカから見ると対日では貿易赤字となっていますが、その最大の要因とされるのが自動車です。対日貿易赤字は過去にもアメリカから問題視され、日本の自動車メーカーは現地生産や現地での部品調達を拡大していますが、なお輸出規模は大きいといえます。

8　企業——企業全体の調子がわかる

企業は、利益を上げることを目的として、市場で財やサービスの生産や販売を行う経済主体です。企業が儲かっているかどうかは、経済に大きな影響を与えるのはもちろん、株式市場にも反映されます。したがって、企業の状況を示す指標は市場関係者の関心が高い指標といえます。

◇日銀短観（全国企業短期経済観測調査／日本）

全国の企業動向を的確に把握し、金融政策の適切な運営に役立てるため、企業活動全般に関して四半期ごとに日銀による調査が実施されています。全国約1万社の企業が対象で、3、6、9、12月に調査を実施し、それぞれの結果を4月初、7月初、10月初、12月央に公表します。

なかでも業況判断DI（Diffusion Index）がよく使われます。業況判断DIは調査企業

業況判断DIで企業の肌感覚がわかる

が「(景気が)良い」「さほど良くない」「悪い」のなかから選んだ回答社数を集計し、「良い」と答えた回答社数構成比(%)－「悪い」と答えた回答社数構成比(%)」で、算出します。

業況判断DIのピークとボトムは、景気の山と谷に一致します。DIは規模別・業種別となっており、重要度の高いのが大企業・製造業の業況判断DIです。

そのほか、業況判断DIの「実績値－前回予測値」の正負が反転すると、景況感も反転する傾向があります。そのため、実績値と前回の予測値を利用することで景気の転換点を早く見つけることができます。

◇法人企業統計(日本)

法人企業統計は対象となる日本企業の集合体を表す、いわば「ニッポン株式会社」の貸借対照表や損益計算書です。原則として、年次別調査については9月上旬、四半期別調査については9月、12月、3月、6月の上旬に財務省が公表します。

具体的には、全産業・産業別の売上高、経常利益、付加価値、設備投資などが示されており、企業活動の実態を把握することができます。なかでも設備投資は、GDP推計上の基礎データとされるばかりでなく、設備投資の実態を把握できるデータとして注目されています。設備投資は個人消費や公共投資などとともに国の経済力を構成する要素の一つです。設備投資が増えてくれば、雇用や賃金が増え、消費が伸びるという好循環が起こるため、景気への影響力も大きく、注視すべきデータといえます。

◇鉱工業指数（日本）

鉱工業指数は、鉱工業（製造業＋鉱業）の生産をはじめとした企業の生産活動を見る指標で、鉱工業生産・出荷・在庫指数、製造業生産予測指数、能力・稼働率指数があります。基準年（5年に1回見直し、西暦年号の末尾が0または5の付く年）の平均値を100としています。経済産業省が当該月のデータを翌月末に公表しており、速報性が高いことから注目される指標です。

鉱工業生産指数のうち、よく知られているのが生産指数で、実質GDP成長率との高い連動性が知られています。そのため、景気の動向を的確につかむには生産指数の動きを見ることが有効となります。

生産活動の先行きを見るには、同時に公表される生産予測指数を利用します。生産予測指数は主要企業のアンケートに基づき、主要品目の先行き2カ月の生産見込みを調査したものです。例えば12月鉱工業生産指数とともに、1月と2月の予測指数（ただし1月分は前月公表の修正値）が公表されます。

在庫率は、出荷に対する在庫の割合をいいます。これを指数化した在庫率指数を見ると、ピーク・ボトムは景気の山・谷に先行する傾向があります。

稼働率は製造業の設備の稼働状況を表すもので、生産量を生産能力で割って求められます。これを指数化した稼働率指数は、現状が景気循環のどのステージにあるのかを示す一致指標として利用されます。例えば、景気拡大期の場合は生産量が増加するため、稼働率は上昇するといった形で数字に表れます。

◇米国鉱工業生産指数

アメリカの場合、鉱工業生産指数はFRBが対象月の翌月15日前後に公表する月次の統計であるため、四半期統計であるGDP統計よりも早く経済実態が把握できるという特徴があります。

鉱工業生産指数では製造業の寄与率が高く、なかでも耐久財指数の動向がもっとも注目されています。自動車や電気機械などの耐久財を製造する産業は、景気変動の影響を受けやすく、景気の動きを知るバロメーターとなります。

設備稼働率も鉱工業生産指数と同時に公表されます。設備稼働率は生産能力に対する生産の割合で、FRBが推計したものであり、製造業、鉱業、公共事業（電気・ガス業）が対象です。生産が伸びて、設備稼働率が上昇していく局面では増産意欲が高まり、設備投資が活発になる傾向があります。したがって、設備稼働率は設備投資の先行指標とされます。

また、設備稼働率はインフレの先行指標ともいわれています。稼働率が過度に上昇する局面では、生産が需要の伸びに追いつかず、物価の上昇圧力が強まる可能性があるためです。

◇米国耐久財受注

米国耐久財受注は、製造業に属する企業による耐久財の受注金額を示した統計で、製造業における景気循環を見る指標です。耐久財とは3年以上の使用に耐えうる消費財のことを指し、自動車や電化製品が対象となっています。アメリカのGDPに占める製造業の割合は約1割と低水準です。しかし、景気循環を引き起こすのは主に製造業であるため、同指標が注目されます。

米商務省センサス局が月次ベースのデータを翌月25日前後に公表します。新規受注のほかに出荷、在庫、受注残高などがありますが、なかでも注目されるのが耐久財の新規受注です。新規受注のうち、非国防資本財の受注は設備投資の先行指標として知られています。耐久財受注のなかでも、非国防資本財受注から振れの大きい航空機を除いたものは、GDPの構成要素である設備投資の先行指標となっており、マーケットでの注目度は高くなります。同指標を見る際には、月々の統計値を追うのではなく、受注動向のトレンドを把握することが重要です。

◇機械受注統計（日本）

機械受注統計は、機械メーカーが受注した設備用機械の状況調査です。機械メーカーが注文を受けてから、概ね6〜9カ月後に顧客への機械の受け渡しが完了します。受け渡しした時に設備投資の統計に反映されるため、設備投資の先行指標とされています。

機械受注のなかでも注目されるのが「船舶・電力を除く民需」です。船舶・電力は、①

受注金額が大きい、②建造期間が長く、景気との連動性が低い、などの理由から、設備投資の先行きを占ううえで除いたほうがいいと考えられるためです。

ただし機械受注統計は、大型案件があれば契約月の受注が膨らみ、その翌月は反動から大幅減となります。このような案件によって、機械受注統計はデータの振れ幅が大きくなるため、注意が必要です。

こうした難点をカバーするために使われるデータとして、機械受注統計のなかの「機械受注見通し調査」があります。四半期ごとに翌期の受注見通し等を調査し、3、6、9、12月分の機械受注と同時に公表されます。見通し額がどの程度達成されたのかを示す、達成率を用いてトレンドを判断します。達成率が数カ月連続して100%を超えるようなケースでは、企業の投資意欲が旺盛だと考えることができます。

9 個人消費――お金を使うことに前向きかどうかがわかる

個人消費にかかわるデータは、経済の動向や予測をする際にもっとも注目される統計の一つです。アメリカや日本において個人消費の動きが景気全体に大きな影響を与えるのはもちろん、いまや世界第2位の経済大国となった中国においても、経済の牽引役は投資から消費へと転換しつつあります。

◇米国消費者信頼感指数

消費者信頼感指数とは、消費者のマインドを指数化したもので、民間調査機関であるコンファレンスボード（ConferenceBoard：全米産業審議委員会）と、米ミシガン大学が公表するものが有名です。コンファレンスボードは約5000世帯を対象とした調査であり、25日から月末に公表されます。質問項目は経済・雇用に関する現在の状況と、経済・雇用・所得に対する6カ月先の予想の5項目で、各項目の回答を季節調整し、指数化しています。消費者信頼感指数はこれら5項目の平均値です。

米国GDPの約7割を占める個人消費は消費者マインドに左右されるため、消費者信頼感指数の動向を把握することが重要です。消費者マインドが改善すれば、景気回復への期待が高まり、株価上昇につながります。そのため、コンファレンスボード消費者信頼感指数はニューヨークダウとの連動性が高いといわれています。

ミシガン大学消費者信頼感指数は、消費者マインドを示す指数としてはコンファレンスボード消費者信頼感指数に次ぐ重要な指標です。約500世帯を対象とした調査であり、毎月第2、または第3金曜日に当月分の数値（速報値）が公表されます。コンファレンスボード消費者信頼感指数よりサンプル数は少ないかわりに、速報性が高く、先行指標として重視されています。

◇小売売上高（アメリカ、中国ほか）

米国小売売上高とは、調査対象の販売店の報告から小売業全体の売上高を推定したもので、米商務省から調査月の翌月第2週頃に公表されます。

米小売売上高は耐久財、非耐久財に大きく分類され、自動車ディーラーや家具店などの販売業態ごとに分類された内訳も公表されます。小売売上高は消費者マインドの変化や所得の増減を色濃く反映しており、個人消費の動向を知ることができます。

米小売売上高は、米国GDPの約7割を占める個人消費の動向を示すこと、比較的速報性が高いことなどの理由から、足元の景気動向を知るうえで重要視されています。小売売上高で示される個人消費の動きはGDPに与える影響が大きいため、次回公表されるGDPの方向性を予測する際の目安となるのです。

また、小売売上高は非農業部門雇用者数のデータ（雇用統計）と高い関連性があります。雇用環境が良好であれば、消費マインドも上向き、小売売上高も堅調となるためです。

一方、中国の小売売上高（社会消費品小売総額）は国家統計局が百貨店やスーパー、インターネット販売などを合計した形で、毎月、調査翌月の中旬頃に発表されます。

◇米国個人所得・個人支出

アメリカの個人所得・個人支出のデータは、個人の収支を総括する重要な統計です。個人所得とは、社会保険料控除後の実際の個人の所得（キャピタルゲイン［有価証券や不動産などの売買差益や含み益］は除く）を網羅したものです。アメリカの個人（消費）支出は名目GDPの約7割を占めており、個人所得は支出を左右する最大の決定要因といえます。

個人支出とは、個人消費支出に利子支払いなどを加えたものです。モノとサービスを対象としている点で、モノだけを対象としている小売売上高とは異なります。

可処分所得から個人支出を控除したものが個人所得であり、可処分所得に対する個人貯蓄の割合が貯蓄率です。一般に、消費者マインドが改善傾向にある時期は、個人は消費を増やし、貯蓄率が低下する傾向があります。このところのアメリカの消費活動は、所得の伸びに応じた堅実な動きになりつつあります。

◇家計調査(日本)

日本においても、民間の最終消費支出は名目GDPの約6割という最大の需要項目であるため、その大部分を占める個人消費の動向が、景気を見る際のカギとなります。

よく使われるのが家計調査で、世帯の収入や支出などを調査し、国民生活における家計収支の実態を把握したものです。国の政策立案のための基礎資料を提供するため、総務省統計局が学生の単身世帯等を除く全国の世帯を対象に毎月実施しています。

家計調査には、家計収支編と貯蓄・負債編とがあります。

家計調査で「個人消費の動向」がわかる

例

収支の内訳
(2019年6月 ── 二人以上の世帯のうち勤労者世帯)

項目	内容	金額(円)
実収入 A		880,805
非消費支出 B	税金や社会保険料など	171,610
可処分所得 C=A−B	いわゆる手取り収入	709,195
消費支出 D	使ったお金	308,425
平均消費性向 D÷C	消費支出 ÷ 可処分所得	43.5%

前月より消費性向が
下落している…
景気は悪くなっていく
のかも?

資料:総務省統計局「家計調査」

「家計収支編」（単身世帯、二人以上の世帯、総世帯）は、個人消費に関する統計のなかでも重要で、モノだけでなくサービスの支出も含めた個人消費をとらえることができます。

主な調査項目には、実収入、消費支出、非消費支出（税金や社会保険料など、消費以外の支払い）、可処分所得（実収入－非消費支出で家計が自由に使える所得）、平均消費性向（消費支出÷可処分所得）などがあります。

「平均消費性向」は消費マインドを映す鏡です。一般的に可処分所得が上昇し、生活に余裕が出てくれば消費マインドが改善し、家計は消費を活発化させます。このように、消費マインドが改善している局面では、平均消費性向は上昇する傾向があります。

なお、「貯蓄・負債編」（二人以上の世帯のみ）では、貯蓄・負債の保有状況や住宅などの土地建物の購入計画について把握できます。

10 住宅――バブルを引き起こすこともある巨大な消費

家計部門のなかで、個人消費とともに重要な役割を果たしているのが住宅投資です。住宅投資は個人消費のように規模が大きくないとはいえ、波及効果が大きいことから、景気動向を見る際には重要とされています。

住宅が経済に大きな影響を与えた例として、2000年代前半から半ばにかけてアメリカで起きた「住宅バブル」が挙げられます。この時期は、返済能力の低い個人向けの住宅ローンであるサブプライムローンが伸びたことで、住宅市場が活況となりました。このサブプライムローンを組み込んだ証券化商品を欧米の投資家が数多く保有していたことから、アメリカの住宅バブルの崩壊は、世界中の金融機関をも巻き込む金融危機（リーマン・ショック）にまで発展することになったのです。

家が建てば消費が増える
新居ができるぞ!
ベッド
TV
棚
今のうちに家具を買おう
新築祝い
新居でパーティー!

◇米国住宅着工・着工許可件数

アメリカの住宅統計にはさまざまなものがありますが、代表的な指標の一つが住宅着工件数です。住宅投資は将来的に家具や家電などの耐久財消費にまで波及するなど、個人消費にも影響を与えるため、景気の先行指標として注目されています。

住宅着工件数は月内に建設が開始された住宅の戸数を示した統計で、季節調整済みの年率換算値が公表されます。なお、同統計は天候などの要因によって大きく変動するため、6カ月移動平均などを使い、住宅着工のトレンドを把握します。

一方、住宅着工許可件数は住宅着工前に、地方建設事務所から住宅着工許可が下りた件数を調査した統計です。したがって、同統計は住宅着工件数にやや先行します。また、天候などの影響を受けないため、住宅着工件数と比較してデータの振幅が少なく、統計誤差が小さいという特徴をもちます。そのため同時に公表される住宅着工件数よりも、住宅投資の動向を早く、正確につかむことができます。

◇米国新築住宅販売・中古住宅販売件数

アメリカの住宅販売関連の統計には新築住宅販売（商務省）・中古住宅販売（全米不動産

業者協会）などがあります。

アメリカではライフステージのステップアップにあわせて中古住宅を住み替えるライフスタイルが定着しており、中古住宅市場が発達しています。アメリカは住宅販売の約9割を中古が占めており、住宅市況を把握する有力な材料になります。

新築住宅販売は売買契約が行われた時点で集計する一方、中古住宅販売は所有権が移った時点で集計します。また、新築住宅販売は一戸建てのみを対象としているのに対し、中古住宅販売では一戸建て、分譲マンションなどを対象にしている点も異なります。

統計上、売買契約を締結した時に計上するものと、売買契約が成立した後の所有権が移ったときに計上するものとでは1〜2カ月程度の差が生じるため、新築住宅着工件数の動きは中古住宅販売件数にやや先行します。また、新築住宅着工件数は住宅着工件数などにも先行するため、マーケットでの注目度が高い指標です。

◇住宅着工統計（日本）

住宅着工統計は、全国の建築物の動態を明らかにし、建築および住宅に関する基礎資料を得ることを目的とした建築動態統計調査のなかで公表されます。国土交通省が月次（翌月末)、年計(暦年、毎年1月末)、年度計(毎年4月末)の統計を公表しており、民間の住宅投資の動向が把握できます。

民間住宅投資は2018年度で17兆円、GDPに占める比率は3%と小さいですが、住宅投資は家電や家具といった耐久財の消費につながるなど、GDPの約6割を占める個人消費に影響を与えるため重要といえます。

◇S&P/ケース・シラー住宅価格指数(アメリカ)

アメリカの代表的な住宅価格指数には、米大手格付け会社S&P(スタンダードアンドプアーズ)が公表するS&P/ケース・シラー住宅価格指数(ケース・シラー指数)があります。

ケース・シラー指数はアメリカの住宅価格を示す総合指数(2000年1月=100)です。米エール大学のロバート・シラー教授らが開発しました。全米の10大都市、および20大都市の指数を毎月、全米指数を四半期ごとに公表しています。大都市の指数に関しては2カ月前の実績値が毎月最終火曜日に公表されます。ケース・シラー指数は毎月公表されることや、地域の直接取引データに基づいて算出され、実勢価格をもっとも反映していることから、重視されている指標です。

◇公示地価（日本）

公示地価は、国土交通省が毎年1月1日時点の地価を調査したもので、3月に公表されます。一般の土地取引の目安とされたり、公共用地の取得価格などを決める際のよりどころとされたりします。

そのほか、土地取引価格の指標には、都道府県が不動産鑑定士の評価を参考に調査し、国土交通省が公表する基準地価（7月1日時点）や、国税庁が公示地価を参考に算定した路線価（1月1日時点）などがあります。

基準地価は、その年の半ばの地価が把握できるというメリットがあります。路線価は主要な道路に面する土地が対象で、相続税や贈与税を算定する際に使われます。

11 物価――物価の動きが金融政策を左右する

物価とは、文字通り物の価格を指します。通常は個々の財やサービスの価格ではなく、いろいろな財やサービスの価格を総合的にとらえたもののことです。

物価が継続的に上昇することをインフレーション（インフレ）といいます。インフレ局面では、①財やサービスの需要が供給を上回ったことによる価格上昇、②コストの上昇による価格上昇、③お金の供給量が増えたことによる価格上昇、があります。

①のケースは需要の強さが背景にあることから、景気拡大局面で見られる価格の上昇です。②や③のケースでは景気が良いという実感はないかもしれません。場合によっては、物価が上昇しているのに景気が後退している（スタグフレーション）といったことも生じます。なお、物価が継続的に下落することをデフレーション（デフレ）といいます。

前述のとおり、日本銀行は流通させる現金の量を調節する金融政策を行っていますが、この日銀の金融政策の理念は「物価の安定を図ることを通じて国民経済の健全な発展に資すること」です。また、アメリカの金融政策を決めるFOMC（連邦公開市場委員会）の目標は、「物価の安定と雇用の最大化」です。このことからわかるように、物価の動きは金融政策を左右します。よって、市場関係者から非常に注目されています。

◇消費者物価指数（CPI）

消費者が日常に購入するモノやサービスなどの平均的な価格を指数化した指標で、物価動向を知るうえで、もっとも重要な指標です。CPI（Consumer Price Index）は日本だけでなく、各国で国内の物価を測る基本的な指数であり、金融政策の方向性を予測するうえで利用されます。また物価動向は消費に影響する点からも重要視されています。

日本のCPIで見てみましょう。指数（総合指数）には家電、食料、家賃、公共料金などの価格が含まれます。ただし、生鮮食品は天候などの一時的要因で価格が変動しやすいため、中期的な物価の動きを測るうえでは生鮮食品を除いた消費者物価（通称、コアCPI）が重視されます。消費者物価指数は、原則として毎月26日を含む週の金曜日に公表されます。

一方、アメリカのCPIは米国労働省によって毎月中旬に発表されます。アメリカのイ

いろいろな消費者物価指数

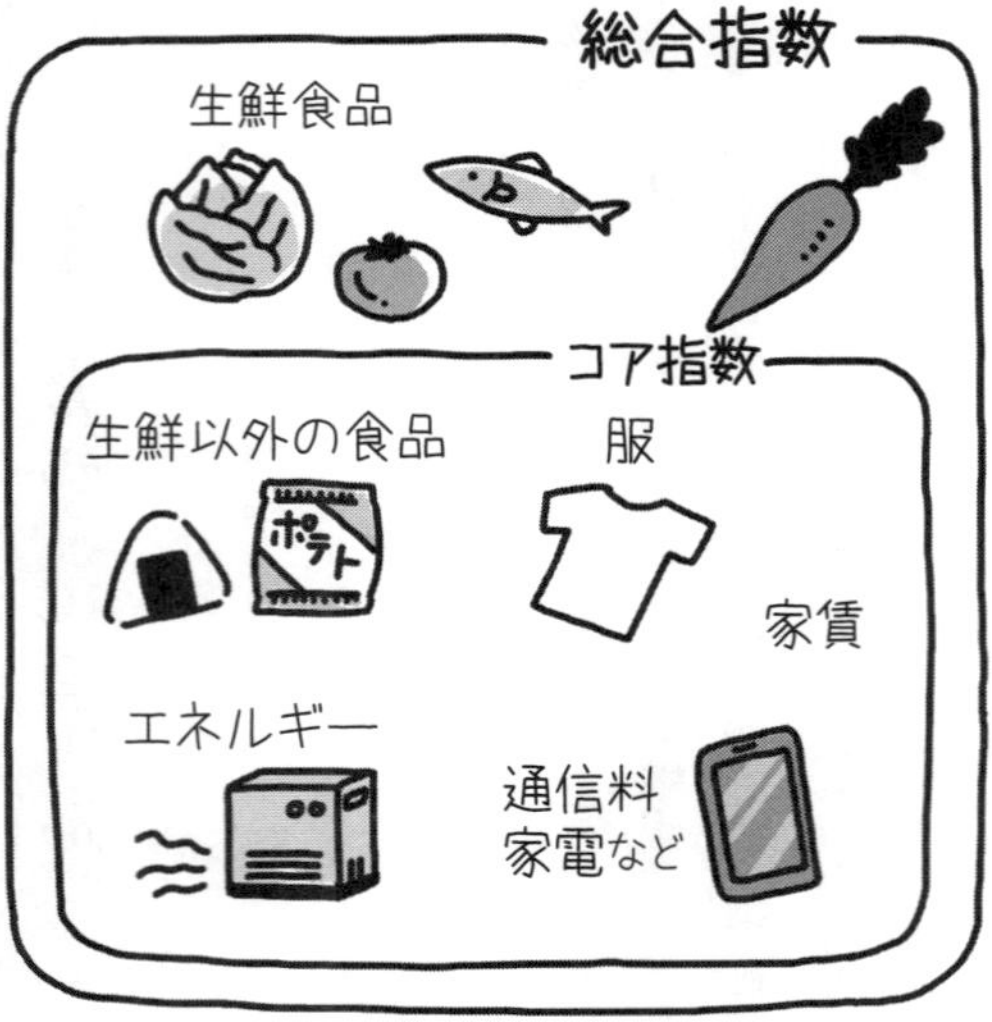

ンフレ動向を把握するためのもっとも重要な統計であり、振れ幅の大きい食品とエネルギーを除いた指数の動きが特に重視されています。

各国の中央銀行は金融政策を運営するうえで、物価水準の目標としてCPIを目安とすることが多いようです。言い換えると、金融政策に影響を与えるだけに、株式市場や為替市場など金融市場を左右する重要な指標といえます。

◇**企業物価指数（CGPI／日本）**

CGPI（Corporate Goods Price Index）は、企業間で取引される財の価格変動を測定する指標です。日銀が毎月公表する統計で、速報値は原則、対象月の翌月第8営業日に公表されます。速報性が高いことから、景気動向や金融政策を判断する際の材料とされます。

◇**企業向けサービス価格指数（CSPI／日本）**

CSPI（Corporate Service Price Index）は、企業間で取引されるサービス価格の動きに焦点を当てた物価指数です。日銀が毎月公表し、原則として速報値は対象月の翌月第18営業日目、確報値は翌々月の18営業日目に公表されます。

同指数では、企業物価指数と消費者物価指数では対象外だった企業間取引におけるサービス価格の動向が把握できます。具体的には、金融、不動産賃貸、運輸、情報通信、広告、リース、人材派遣などといったサービスが対象とされています。

第6章

投資を考えるヒント

1　投資のポイントは長期で保有し続けること

投資を考える際、とくに株式投資を考える際には、様々な**リスク**を念頭に入れておくことが重要です。景気変動などのリスクはもちろん、今の世界には、米中貿易摩擦問題、Brexit（英国のEU離脱）などの政治リスクが存在しています。なかでも米中貿易摩擦問題は、世界経済に大きな影響を与えかねないとして特に警戒されています。こういったリスクに対する投資家の不安が高まると、株価の大幅な下落を招くことがあります。いつの時代でも不安材料がない時期などありません。

投資家の不安心理を知る手掛かりとなるVIX指数とNYダウ（ダウ・ジョーンズ工業株30種平均）の動きを見てみましょう。VIX指数は米国株に対する不安心理が高まると上昇し、楽観ムードが高まると下落するという動きを示します。したがって、VIX指数が上昇すると、投資家が株式などのリスク資産（元本割れの可能性がある資産）を避けて、投資資金をできるだけ安全な資産（現金や国債など元本割れの可能性が少ない資産）に振り

投資家の不安が高まると株価は下がる

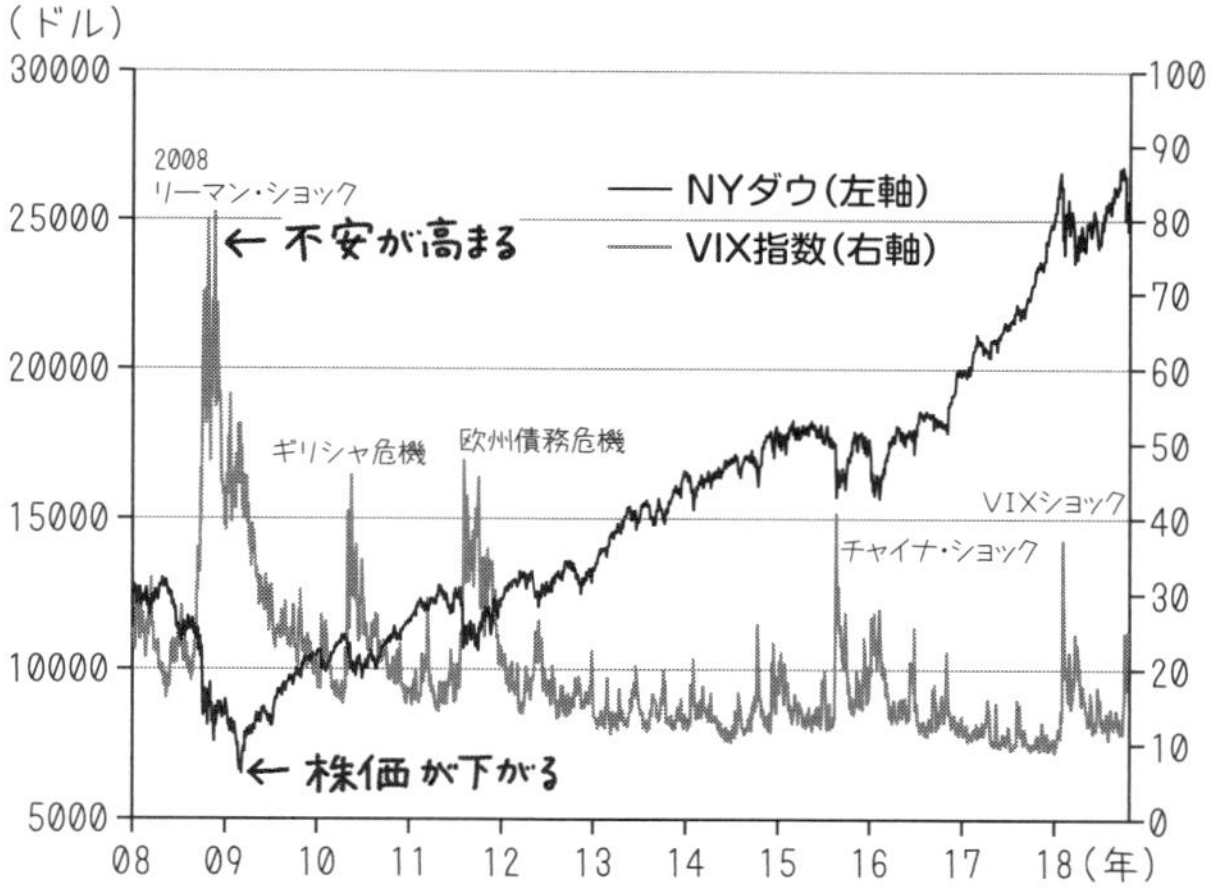

出所：大和証券作成（2019年8月29日まで）

向けようとします。このような市場の状態を「リスクオフ」といい、リスクオフの状況に陥ると、株式を売却しようという人が増えるため、NYダウは下がっていきます。

この動きを株式投資のタイミングという観点で見れば、不安心理の高まっている時こそ、その後の株価上昇メリットを大きく享受できる、投資をするいいタイミングを示しているといえます。ただ、これは結果論であり、不安心理が高まったタイミングを狙って株式のようなリスク資産に投資するということは、実際にはなかなか難しいでしょう。

第1章で述べたように、お金の健康寿命を延ばすということを考える私たちにとって重要なのは、中長期にわたる着実な資産形成をすることです。長期投資で利益を得るためには、株式投資も一つの有効な手段です。その際には、景気の変動があっても生き残る、強い企業の株式を買わなければなりません。そこで本書ではここまで、強い企業を見分けるための財務諸表の見方、株価を判断するための指標、景気の動向を知るための統計資料を紹介してきました。

この章では、世界をとりまく様々なリスクを乗り越え、長期投資で利益を得るために必要な考え方や視点についてお話ししていきます。数字で確認する前に、どういった観点から銘柄を絞り込んでいったらいいのかというアイディアの参考にしてください。

2　ゴールド・ラッシュのビジネスモデル――今の成長産業の「まわり」を狙う

中長期で着実な資産形成を目指す際のポイントは、長期保有だと述べました。長期で保有するからには、それに耐えうる投資対象でなければなりません。つまり、長い目で見たときに成長が見込める企業を選別する必要があります。

長期投資の観点で銘柄を選ぶ際のアイディアは様々ありますが、一つのアイディアとして、アメリカのゴールド・ラッシュを経て、成功をおさめ、生き残った企業を参考にしてみましょう。

ゴールド・ラッシュとは新たに発掘された金鉱や金の採掘地に人々が殺到する現象のことを指しますが、もっとも有名なのはアメリカのゴールド・ラッシュでしょう。

アメリカのゴールド・ラッシュは1848年、カリフォルニアのサクラメント川付近で金が発見され、このニュースが瞬く間に世界中に伝わったことで始まりました。一獲千金を夢見てカリフォルニアに多くの人が移住し、1848年初めには2万人に満たなかった

金を見つけるより
金を見つけたい人の需要を見つける

カリフォルニアの人口は、49年に10万人、60年には38万人に増えていきました。ただ、このゴールド・ラッシュで儲けることができたのは、金を採掘した人たちではなかったのです。続々と採掘者が集まってきたため、金を掘ってもそれほど儲けることはできませんでした。一方、金を掘るために必要なもの、人々が生活するうえで欠かせないサービスなどの需要が急速に高まり、ここに目を付けたビジネスが大成功を収めました。

その成功者の一人が、リーバイ・ストラウスです。リーバイは、金鉱を掘り当ててひとやま当てようとしたのではなく、急激に人口が増えている点に着目して、こうした人々向けに商売をしようと考えました。当時、金を掘っていた採掘者達は、山地で金鉱を求めて毎日労働をしていたために、ズボンがすぐに破れてしまうのが悩みでした。そこで、リーバイは商い用に持っていたテント等に使う厚手のキャンバス地を用いて（のちにデニム生地を使用）、膝がボロボロにならず、どんな動きにも耐えうる丈夫なズボンを販売したのです。これが評判を呼び、ジーンズで有名なリーバイ・ストラウス社が誕生したのです。

次に、ヘンリー・ウェルズとウィリアム・ファーゴの二人が始めたビジネスについて見てみましょう。各地からカリフォルニアに集まってきた採掘者たちは、稼いだお金を預けたり、故郷にいる家族に送金したり、家族との荷物や手紙のやり取りをしたりするサービスを必要としていました。

ここに目を付けたウェルズとファーゴは、採掘者たちのために安全で確実に送金や輸送ができるシステムを作り上げたのです。当時、輸送手段の主流は馬車でしたから、駅馬車網を使って、金や手紙や荷物を運ぶ宅配ビジネスを確立しました。そのうちに銀行を上回る信用力を得て、やがて金の預け先として重宝されるようになり、金融機関そのものへと脱皮していきました。こうして二人の名前をとって設立されたウェルズ・ファーゴ社は現在、カリフォルニア州サンフランシスコを拠点とする大手地銀に成長しています。

アメリカのゴールド・ラッシュで最終的に成功したリーバイ・ストラウスやウェルズ・ファーゴの例をヒントに、長期的な投資対象となりうる企業を見つけていくというのも面白いかもしれません。伸びている業界そのものではなく、伸びている業界向けに独自のビジネスを展開している企業に着目するという観点です。

ゴールド・ラッシュの例でいうと、伸びている業界というのは金の採掘者にあたるわけですが、これは参入者が多く、非常に競争が厳しいという傾向があります。しかし、こういった業界向けに独自の画期的な製品やサービスを提供する企業は、**過当競争から一歩引いたところ**で優位にビジネスを展開できる可能性があるのです。

3　人口の伸び――不確実性の高い時代において、高い確率で予想できること

前節では、長期投資をするためのアイディアの一つとして、過当競争から一歩引いたところで伸びていく会社を選ぶという観点をご紹介しました。

ですが一般的には、「優れた技術をもち、画期的な製品・サービスを生み出して成長していく企業を選びましょう」といわれます。これ自体は正しい選別方法だと思いますが、10年後、20年後、30年後、あるいはその先に出てくる技術や新製品・サービスを予測し、技術革新の先端を行く企業や業種を予測することは困難です。

現時点で描くことができる将来像となると、「AIやロボットが進化し、実用化され、想像がつかないほど便利な世の中になっているのだろう」といったぼんやりとしたイメージならばありますが、あくまで空想の域を出ないでしょう。

逆に、今からさかのぼって30年前というと1989年にあたり、日本はバブルの絶頂期でした。当時の日本において、30年後、これほどまでにスマートフォンやインターネット

が普及している世の中になるとは想像できませんでした。このように中長期を見通すことが難しい点も、株式投資をためらってしまう一つの理由かもしれません。

しかし、これだけ変化が激しい世の中でありながらも、当初の予想から方向性がそれほどぶれることなく、見通せるデータがあります。それは**人口データ**です。世界の人口増加については、トマス・マルサスが１７９８年に『人口論』を出版し、人口問題として取り上げて以来、現在に至るまで変わらぬ大きな関心事です。

国連によると、世界の人口は１９５０年に25億人でしたが、２０１５年には74億人に膨れ上がり、２０５０年には97億人、２１００年には１０９億人に達する見込み（２０１９年予想）です。２００２年時点の予想では「２０５０年に89億人」とされていたことと比較すると、人口は上振れる形で増加していますが、今後の増加ペースは緩やかになっていくという基本的な見方に変化はないようです。そして、人口増加ペースの減速と歩調を合わせる形で、世界的な高齢化も着々と進んでいくとみられます。

先行きが読みにくい世の中とはいえ、世界の人口は着実に増加していく、その一方で人口の伸び方が緩やかになり、日本を筆頭に世界でも高齢化が進展していく、という見通しについては、異論なく受け入れられる将来像でしょう。株式投資に確実性を求めることは

スマホの登場は予言できないが
人口の増加は予想できる

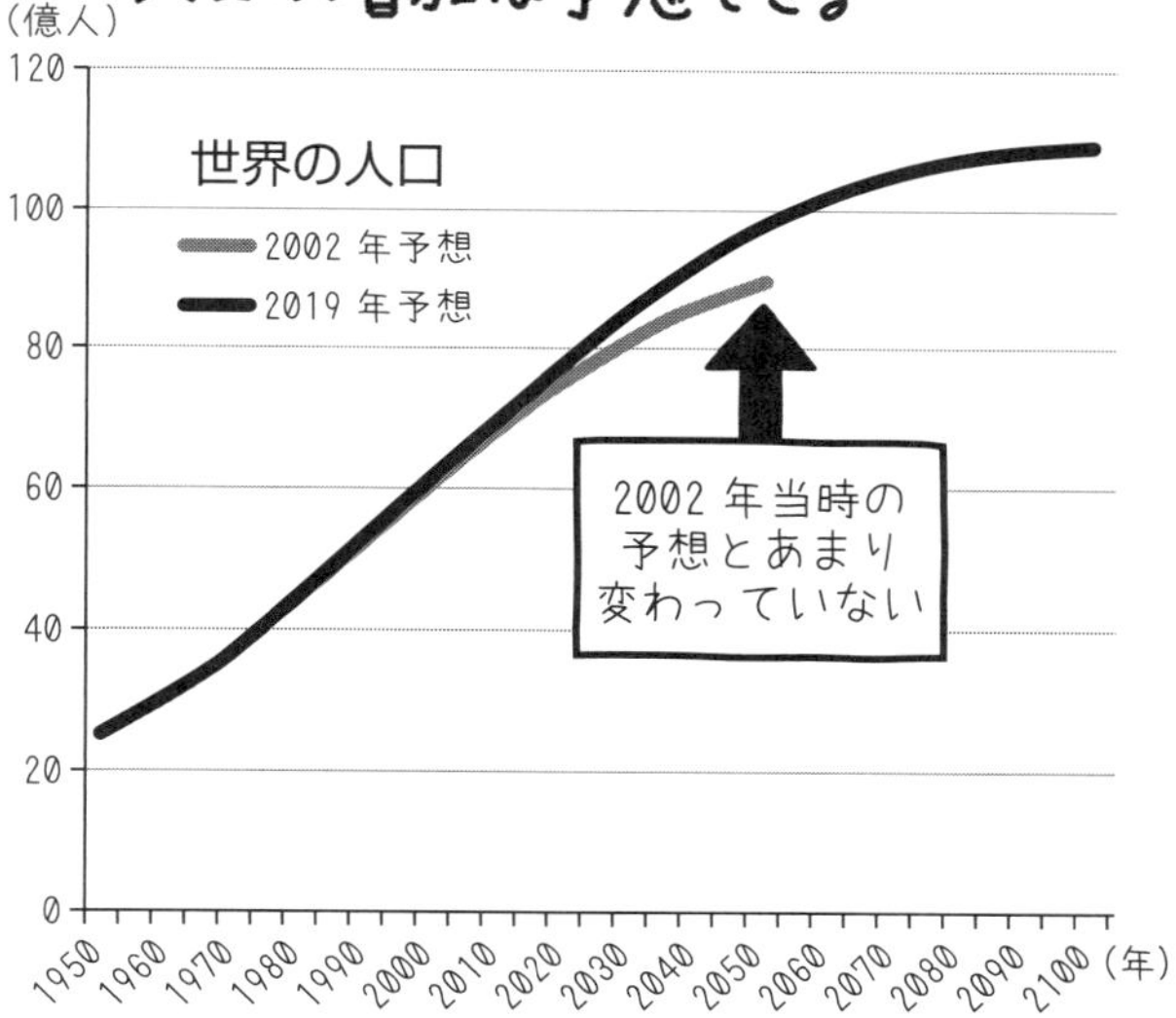

出所：国際連合“World Population Prospects：The 2019 Revision”,“The 2002 Revision”
（中位推計）より大和証券作成

困難ですが、人口予測のように、ある程度見通すことができる将来像をもとに、手堅く中長期投資を行うのも一手でしょう。

需要量が人口に比例しているケースは多く、人口が増えていくことによってメリットを受ける業界は多数あります。その一つが化粧品業界です。化粧品は、人口増による数量効果が見込めるだけでなく、大きな技術革新によってほかのものに代替される可能性が少なく、価格が比較的安定しているという恵まれた条件を備えています。

通常、モノやサービスは独占企業でもない限り、競争原理が働き、価格に下押し圧力がかかります。そのなかで、化粧品はブランド力という価格競争の世界とは異なる別の価値をもつ商品であることが大きな武器になっています。人間の美しくなりたいという基本的な欲求に応える商品であるため、安ければいいというよりは、むしろできるだけいい商品を使いたいという意識の消費者が多いと考えられます。しかも、価格の高い化粧品を使ったほうが心理的な満足感を得られるケースがあることなども加味すると、価格競争とは距離を置いた、特殊な商品といえるでしょう。

4 SDGs（持続可能な開発目標）——企業の経営姿勢が評価される時代に

ある企業が社会の発展に寄与し、将来も持続的に成長できるかどうかということが、長期的な成長が期待できる企業をピックアップする視点として重要度を増しています。このカギとなるのが**SDGs（持続可能な開発目標）**という考え方です。

SDGsとは、2030年を期限として国際社会が協働で取り組むべき開発課題のことです。貧困に終止符を打つ、気候変動への緊急対策をとるといった17の目標が設定されており、2015年の国連サミットで採択されました。

実際、投資家が企業を評価する視点は、こうした持続的成長を意識したものに変化してきています。環境意識などを条件に投資先を選ぶ「社会的責任ファンド」の存在感が増してきていることも一因でしょう。これを受けて企業の行動に変化が出てきており、自社の経営戦略にSDGsの概念を取り入れるようになっています。SDGsに沿った経営戦略をとることで市場や消費者から評価され、ビジネスチャンスにつながるという考え方が広

SDGs(持続可能な開発目標)の17の目標

1	貧困をなくそう
2	飢餓をゼロに
3	すべての人に健康と福祉を
4	質の高い教育をみんなに
5	ジェンダー平等を実現しよう
6	安全な水とトイレを世界中に
7	エネルギーをみんなに そしてクリーンに
8	働きがいも経済成長も
9	産業と技術革新の基盤をつくろう
10	人や国の不平等をなくそう
11	住み続けられるまちづくりを
12	つくる責任 つかう責任
13	気候変動に具体的な対策を
14	海の豊かさを守ろう
15	陸の豊かさも守ろう
16	平和と公正をすべての人に
17	パートナーシップで目標を達成しよう

出所：国連

うちのネコ缶は
絶滅危惧種は
使いません！

まってきているといえます。

今、アメリカにおいては、ＳＤＧｓを意識した企業の取り組みが「シェール革命」に次ぐような新しいエネルギー革命を起こしつつあります。再生可能エネルギーの導入が全米で進んでおり、電力市場で大きな変化が出てきているのです。ＳＤＧｓの目標の７番目に「エネルギーをみんなに　そしてクリーンに」、13番目に「気候変動に具体的な対策を」が掲げられており、再生可能エネルギーの推進はこれらの項目に該当します。

これにより、風力発電や太陽光発電の導入が着々と進んでいます。例えば、アップル、グーグル（アルファベットの検索エンジン子会社）、マイクロソフト、スターバックス、ウェルズ・ファーゴは再生可能エネルギーの利用率１００％を宣言し、すでに達成済みです。ＳＤＧｓだけでなく、風力や太陽光発電がコスト競争力をもつようになり、経済合理性が出てきたことも、企業の背中を押していると考えられます。

中長期的に成長が期待できる企業をピックアップする際、ＳＤＧｓの観点からビジネスを拡大できる企業という点に着目するのも、投資アイディアとしては有効だと考えられます。

5 株式投資の王道とは——バフェット氏に近づくためにすべきこと

株式投資の王道は、「株式市場は、長期的に見ると経済や企業業績といったファンダメンタルズの動きに収斂していく」ということを踏まえたうえで、長期的な視点をもって臨むことだといえます。

現代マクロ経済学の基礎を築いた**ケインズ**は投資家でもありましたが、晩年、仕事仲間に送った手紙のなかで株式投資において重視する点を次ページの表のように示しています。

実際、ケインズは日々の金融市場の動きを予想するのは困難だと悟り、企業の本質的な価値を見極めるアプローチで投資成果を上げました。

ケインズは、英ケンブリッジ大学キングスカレッジの基金を1921年から46年まで運用しました。ファンドの成績は年平均15・97%と、同時期に英国の株式相場全体の上昇や配当で得られたリターンである年10・37%を5%強上回るものでした。

資産の6～7割を株式に投じ、優先株を含めると7～9割にも達していた点が、運用の

ケインズが株式投資で重視した点

① 将来性が高く、企業の本質的な価値に比べて割安な銘柄を選ぶ

② 経営陣への信頼

③ 自信の持てる銘柄への集中投資

④ 短期の相場変動に左右されない長期投資

など

出所：日本経済新聞（2013年6月22日）

大きな特徴です。そして割安株にまとまった資金を投じ、長期保有する戦略をとっていました。最大72銘柄を保有しましたが、資金の3〜5割をトップ5銘柄に集中、残りを小型株に少額投資しました。また、株価が大幅に下落した時に買いに動く傾向も強かったとのことです。

アメリカの著名投資家**ウォーレン・バフェット**氏は、ケインズの言葉「正しい投資手法は、その経営内容を理解し、経営陣を信頼する企業にまとまった額を投資すること」を好んで引用し、投資で実践していることで有名です。

こうした手法は、簡単そうに見えて実践は難しいということは、バフェット氏のような成功をなかなか収められないことからも明らかでしょう。しかし、投資の王道からぶれなければ、バフェット氏に少しでも近づくことができるかもしれません。

あとがき

「人生100年時代」に備えて、体の健康寿命を延ばす取り組みは、国や地方自治体、あるいは個人ベースで着々と進んでいるようです。そのノウハウについては各種メディアや書籍などで多数紹介されていますが、結局のところ、食事に気を付ける、運動をする、といった日々の実践が大切だといえるでしょう。

こうした自助努力を重ねても、風邪をひいたり、寝込んだりすることはもちろんあります。しかし、歳を重ねて、自分の同世代と比較してみると、重い病気とは縁が遠かった、毎日元気に過ごしている、ということに気づかされるのではないでしょうか。

投資にも似ている面があると思います。経済指標や企業の財務諸表の見方、投資の考え方などを学んで、投資を日々実践していれば、短期で儲けることができるとは必ずしもいえないものの、歳を重ねて、改めて資産状況を確認してみると、投資をやっていて本当に良かったと思う確率は上がっていくのです。

ただ、日銀の資金循環統計によると、家計の金融資産のうち現預金の占める比率は2019年3月末時点で53%と、5割を超える高い水準が続いています。これは、米国の同13%と比較しても高い水準です。

一方、株式等の比率を見ると、日本は10%、米国で34%となっています。「同じ「金融資産」なのだから、現金で持っていても、株式で持っていても同じではないか」と思われるかもしれません。実は、現在の世界的な経済の状況を見ると、そうは言えません。

一つには、将来においてインフレが起こる可能性があります。インフレというのは、お金の価値が目減りすることです。またもう一つ、現在は世界的な低金利時代でもあります。銀行に預けていてもお金は増えませんから、ある程度のリスクをとってお金を増やしていかないと、資産が減る、あるいは増えていかない可能性があります。日本のように、金融資産の半分以上が現預金のままでは、これからの世界経済の変化に対応しきれないかもしれないのです。

健康に長生きするために自分の体に気をつけるように、経済的にゆとりをもった生活を続けるために、資産を育ててみませんか。それが、「お金の健康寿命」を延ばしていくということです。

世の中の変化のスピードが速くなり、資産運用についてものんびりと構えてはいられないと思う方が増えてきているように感じます。資産運用の選択肢はたくさんあり、迷うかもしれませんが、将来への種まきの有効な手段の一つとして株式投資を加えてみてはいかがでしょうか。本書がその一助となれば幸いです。

最後になりましたが、本書を書く機会を与えていただいた筑摩書房と編集の労を尽くしていただいた藤岡美玲氏、イラストを描いてくださったとくながあきこ氏に、紙面を借りて心より感謝申し上げます。

２０１９年11月

大和証券グループ本社　花岡幸子

索引

【あ行】

【か行】

【さ行】

【た行】

【な行】

【は行】

【ま行】

【や行】

【ら行】

ちくま新書
1458

図《ず》解《かい》でわかる会社《かいしゃ》の数字《すうじ》
——株価《かぶか》を動《うご》かす財務《ざいむ》データの見方《みかた》

二〇一九年一二月一〇日 第一刷発行

著者 花岡幸子（はなおか・さちこ）

発行者 喜入冬子
発行所 株式会社 筑摩書房
東京都台東区蔵前二-五-三 郵便番号一一一-八七五五
電話番号〇三-五六八七-二六〇一（代表）
装幀者 間村俊一
印刷・製本 株式会社 精興社

ISBN978-4-480-07264-1 C0233

ちくま新書

1276
経済学講義
飯田泰之

ミクロ経済学、マクロ経済学、計量経済学の主要3分野をざっくり学べるガイドブック。体系を理解して、大学で教わる経済学のエッセンスをつかみとろう！

1260
金融史がわかれば世界がわかる【新版】
――「金融力」とは何か
倉都康行

金融取引の相関を網羅的かつ歴史的にとらえ、資本主義がどのように発展してきたかを観察。旧版を大幅に改訂し、実務的な視点から今後の国際金融を展望する。

002
経済学を学ぶ
岩田規久男

交換と市場、需要と供給などミクロ経済学の基本問題から財政金融政策などマクロ経済学の基礎までを、現実の経済問題に即した豊富な事例で説く明快な入門書。

035
ケインズ
――時代と経済学
吉川洋

マクロ経済学を確立した20世紀最大の経済学者ケインズ。世界経済の動きとリアルタイムで対峙して財政・金融政策の重要性を訴えた巨人の思想と理論を明快に説く。

001
貨幣とは何だろうか
今村仁司

人間の根源的なあり方の条件から光をあてて考察する貨幣の社会哲学。世界の名作を「貨幣小説」と読むなど貨幣への新たな視線を獲得するための冒険的論考。

1006
高校生からの経済データ入門
吉本佳生

データの収集、蓄積、作成、分析。数字で考える「頭」は、情報技術では絶対に買えません。高校生でも、そして大人でも、分析の技法を基礎の基礎から学べます。

1312
パパ1年目のお金の教科書
岩瀬大輔

これからパパになる人に、これだけは知っておいてほしい「お金の貯め方・使い方」を一冊に凝縮。パパとして奮闘中の方にも、きっと役立つ見識が満載です。

ちくま新書

225 **知識経営のすすめ**
――ナレッジマネジメントとその時代
野中郁次郎 紺野登
日本企業が競争力をつけたのは年功制や終身雇用の賜物のみならず、組織的知識創造を行ってきたからである。知識創造能力を再検討し、日本的経営の未来を探る。

396 **組織戦略の考え方**
――企業経営の健全性のために
沼上幹
組織を腐らせてしまわぬため、主体的に思考し実践しよう！ 組織設計の基本から腐敗への対処法まで「これウチの会社！」と誰もが嘆くケース満載の組織戦略入門。

065 **マクロ経済学を学ぶ**
岩田規久男
景気はなぜ変動するのか。経済はどのようなメカニズムで成長するのか。なぜ円高や円安になるのか。基礎理論から財政金融政策まで幅広く明快に説く最新の入門書。

701 **こんなに使える経済学**
――肥満から出世まで
大竹文雄編
肥満もたばこ中毒も、出世も談合も、経済学的な思考を上手に用いれば、問題解決への道筋が見えてくる！ 経済学のエッセンスが実感できる、まったく新しい入門書。

336 **高校生のための経済学入門**
小塩隆士
日本の高校では経済学をきちんと教えていないようだ。本書では、実践の場面で生かせる経済学の考え方をわかりやすく解説する。お父さんにもピッタリの再入門書。

831 **現代の金融入門【新版】**
池尾和人
情報とは何か。信用はいかに創り出されるのか。金融の本質に鋭く切り込みつつ、平明かつ簡潔に解説した定評ある入門書。金融危機の経験を総括した全面改訂版。

785 **経済学の名著30**
松原隆一郎
スミス、マルクスから、ケインズ、ハイエクを経てセンまで。各時代の危機に対峙することで生まれた古典には混沌とする経済の今を捉えるためのヒントが満ちている！

ちくま新書

807
使える！　経済学の考え方
――みんなをより幸せにするための論理
小島寛之
人は不確実性下においていかなる論理と嗜好をもって意思決定するのか。人間の行動様式を確率理論を用いて抽出し、社会的な平等・自由の根拠をロジカルに解く。

837
入門　経済学の歴史
根井雅弘
偉大な経済学者たちは時代の課題とどう向き合い、それぞれの理論を構築したのか。主要テーマ別に学説史を描くことで読者の有機的な理解を促進する決定版テキスト。

1061
青木昌彦の経済学入門
――制度論の地平を拡げる
青木昌彦
社会の均衡はいかに可能なのか？　現代の経済学を主導した碩学の知性を一望し、歴史的な連続／不連続性のなかで、ひとつの社会を支えている「制度」を捉えなおす。

1228
「ココロ」の経済学
――行動経済学から読み解く人間のふしぎ
依田高典
なぜ賢いはずの人間が失敗をするのか？　自明視されてきた人間の合理性を疑い、経済学、心理学、脳科学の最新知見から、矛盾に満ちた人間のココロを解明する。

973
本当の経済の話をしよう
若田部昌澄
栗原裕一郎
難解に見える経済学も、整理すれば実は簡単。わかりやすさで定評のある経済学者・若田部昌澄に、気鋭の評論家・栗原裕一郎が挑む、新しいタイプの対話式入門書。

1443
ドル化とは何か
――日本で米ドルが使われる日
土田陽介
財政破綻に陥った新興国で進む「ドル化」。自国通貨と共に外国通貨を利用するこの現象を通じて、通貨危機の足音が着実に忍び寄る日本経済の現状を分析する。

533
マルクス入門
今村仁司
社会主義国家が崩壊し、マルクス主義が後退した今、マルクスを読みなおす意義は何か？　既存のマルクス像からはじめて自由になり、新しい可能性を見出す入門書。

ちくま新書

928
高校生にもわかる「お金」の話
内藤忍
お金は一生にいくら必要か？　お金の落とし穴って何だ？　ＡＫＢ48、宝くじ、牛丼戦争など、身近な喩えでわかりやすく伝える、学校では教えない「お金の真実」。

1130
40代からのお金の教科書
栗本大介
子どもの教育費、住宅ローン、介護費用、老後の準備、相続トラブル。取り返しのつかないハメに陥らないために、「これだけは知っておきたいお金の話」を解説。

1316
アベノミクスが変えた日本経済
野口旭
「三本の矢」からなるアベノミクスは、日本経済を長期デフレから脱却させることに成功しつつある。その現状を示し、その後必要となる「出口戦略」を提示する。

1074
お金で世界が見えてくる！
池上彰
お金はどう使われているか？　お金と世界情勢のつながりとは？　円、ドル、ユーロ……、世界を動かすお金を徹底解説。お金を見れば、世界の動きは一目でわかる！

959
円のゆくえを問いなおす
――実証的・歴史的にみた日本経済
片岡剛士
なぜデフレと円高は止まらないのか？　このまま日本経済は停滞したままなのか？　大恐慌から現代へいたる為替と経済政策の分析から、その真実をときあかす。

1069
金融史の真実
――資本システムの一〇〇〇年
倉都康行
懸命に回避を試みても、リスク計算が狂い始めるとき、金融危機は繰り返し起こる。「資本システム」の歴史を概観しながら、その脆弱性と問題点の行方を探る。

512
日本経済を学ぶ
岩田規久男
この先の日本経済をどう見ればよいのか？　戦後高度成長期から平成の「失われた一〇年」までを学びなおし、さまざまな課題をきちんと捉える、最新で最良の入門書。

1446
日本人のための英語学習法
――シンプルで効果的な70のコツ
里中哲彦
いろいろな学習法を試しても、英語の力が上がらないのはなぜなのか？　本当にすべきことは何なのか？　人気予備校講師が、効果的な学習法のコツを紹介する！

1230
日本人の9割が間違える英語表現100
キャサリン・A・クラフト　里中哲彦編訳
教科書に載っていても実は通じない表現や和製英語など、日本人の英語は勘違いばかり！　長年日本人の英語に接してきた著者が、その正しい言い方を教えます。

1313
日本人の9割が知らない英語の常識181
キャサリン・A・クラフト　里中哲彦編訳
日本語を直訳して変な表現をしていたり、あまり使われない単語を多用していたり、日本人の英語はまだまだ勘違いばかり。10万部超ベストセラー待望の続編！

1344
ビジネスマンの英語勉強法
三輪裕範
総合商社のアメリカ現地法人や大学で活躍してきた著者が、ビジネスに必要な英語力が身につく効果的な勉強法や、「英語のクセ」を丁寧に解説する。

1405
英語の処方箋
――「日本人英語」を変える100のコツ
ジェームス・M・バーダマン　安藤文人訳
「よろしく」って英語で何て言う？　"Long time no see."は使わないほうがよい？　日本人英語の間違いや会話・文法の要点などを楽しく解説！

1248
めざせ達人！　英語道場
――教養ある言葉を身につける
斎藤兆史《よしふみ》
読解、リスニング、会話、作文……英語学習の本質をコンパクトに解説し、「英語の教養」を理解し、発信できるレベルを目指す。コツを習得し、めざせ英語の達人！

1390
これなら書ける！　大人の文章講座
上阪徹
「人に読んでもらえる」文章を書くには、どうしたらいいか？　30年プロとして書いてきた著者が、33の秘訣を大公開！　自分の経験を「素材」に、話すように書こう。

ちくま新書

1385
平成史講義
吉見俊哉編
平成とは、戦後日本的なものが崩れ落ち、革新の試みが挫折した30年間だった。政治、経済、雇用、メディア。第一線の研究者がその隘路と活路を描く決定版通史。

1015
日本型雇用の真実
石水喜夫
雇用流動化論は欺瞞である。日本型雇用は終わっていない。労働力を商品と見て、競争を煽ってきた旧来の労働経済学を徹底批判。働く人本位の経済体制を構想する。

1355
日本が壊れていく
――幼稚な政治、ウソまみれの国
斎藤貴男
「モリ・カケ」問題、官僚の「忖度」、大臣の舌禍事件……。政治の信頼を大きく損ねる事件が、なぜこれほど続くのか？　日本の政治が劣化した真因を考える。

1023
日本銀行
翁邦雄
アベノミクスで脱デフレに向けて舵を切った日銀は、本当に金融システムを安定させられるのか。金融政策の第一人者が、日銀の歴史と多難な現状を詳しく解説する。

1065
中小企業の底力
――成功する「現場」の秘密
中沢孝夫
国内外で活躍する日本の中小企業。その強さの源は何か？　独自の技術、組織のつくり方、人材育成……。多くの現場取材をもとに、成功の秘密を解明する一冊。

1371
アンダークラス
――新たな下層階級の出現
橋本健二
就業人口の15％が平均年収186万円。この階級の人々はどのように生きているのか？　若年・中年、女性、高齢者とケースにあわせ、その実態を明らかにする。

1413
日本経営哲学史
――特殊性と普遍性の統合
林廣茂
中世から近代まで日本経営哲学の展開をたどり、渋澤栄一、松下幸之助、本田宗一郎ら20世紀の代表的経営者の思想を探究。日本再生への方策を考察する経営哲学全史。